잇혀진 독립운동의 대부

최재형

잊혀진 독립운동의 대부

최재형

문영숙 지음

우리나비

차례

독립운동가 최재형
그는 누구인가?

광복 75주년. 국내와 국외에서 목숨을 초개같이 버리며 일제와 싸운 독립운동가들이 있었기에 우리는 떳떳하게 광복을 맞을 수 있었다. 선열들의 희생을 추모하는 일이 곧 애국의 길이다. 그러나 여러 가지 사정으로 잊힌 독립운동가들도 많이 있다. 그중 가장 대표적인 독립운동가가 바로 최재형이다.

독립운동가 최재형 선생

노비의 아들에서 글로벌 청년으로

최재형은 1860년, 함경북도 경원에서 노비의 아들로 태어났다. 기근과 굶주림을 참을 수 없어 9살에 아버지 최흥백을 따라 연해주로 이주했다. 최재형은 한인 최초로 러시아 정교회학교에 다녔다. 그러나 형수의 심한 구박으로 11살에 가출을 한다. 포시에트 바닷가에 허기져 쓰러진 최재형을 구해 준 사람은 상선을 타고 세계를 돌며 무역을 하는 러시아 선장이었다. 어린 최재형은 선장 부부의 극진한 사랑으로 11세부터 17세까지 6년 동안 세계를 돌며 상술을 배우고 세계를 익힌다. 특히 선장 부인은 최재형에게 러시아어와 중국어, 세계의 문화와 교양까지 특별한 사랑으로 교육한다. 청소년 시기 최재형에게 6년의 항해는 노비의 아들 최재형을 글로벌 청년으로 환골탈태하게 만든다.

유창한 러시아어로 한인들의 페치카(난로)가 되다

동방 정책을 펴기 시작한 러시아는 극동에 군대를 주둔시킨다. 그로 인해 각종 도로 공사, 건축 공사, 식료품 및 공산품 생산까지 일자리가 폭증하게 된다. 한인들은 노동을 제공하지만 러시아 인부에 비해 열악한 대우를 받았다.

최재형은 통사(통역) 일을 하면서 한인들의 억울함을 해결해 준다. 기록을 보면 최재형은 누구에게나 동등하게 대했다고 한다. 자신의 신분이 노비 출신이니 어려운 사람들의 사정을 잘 이해할 수 있었을 테고, 차별 없이 도와주었으니 한인들은 최재형의 초상화를 걸어놓을 정도로 존경하면서 '난로'라는 뜻으로 최재형을 '페치카'라고 불렀다.

카네기에 버금가는 자산가, 러시아 안치혜 도헌(군수)이 되다

최재형은 군납 회사를 차려 군인들을 상대로 엄청난 부를 축적한다. 유창한 언어로 한인들에게 알맞은 일을 알선해 주고 삶이 윤택해지도록 지도력을 발휘한다. 한인들은 최재형을 믿고 일을 하면서 점차 가

러시아 연해주 우수리스크에 있는 독립운동가 최재형 선생의 고택 전경

난에서 벗어나게 된다. 최재형의 위상은 점점 높아져 한인 마을의 노야(촌장)를 거쳐 드디어 얀치혜 남도소의 도헌(군수)이 된다.

니콜라이 2세 대관식에 한인 대표로 초청, 러시아 한인 마을에 32개 소학교를 세운 교육가

최재형은 러시아 사회에서 신망받는 행정가로 니콜라이 2세 대관식에 한인 대표로 초청되어 예복을 하사받는다. 최재형은 한인들의 교육에 힘써 한인 마을마다 32개의 소학교를 세웠고 그가 세운 한인 학교는 러시아에서 우수 학교로 지정되기도 한다. 최재형은 자신의 월급을 은행에 넣어 두고 그 이자로 소학교를 졸업한 학생들을 유학 보내 유학을 마치면 고향으로 돌아와 소학교에서 교사 생활을 하게 한다.

최재형 선생이 받은 건국공로훈장증　　　　최재형 선생이 추서받은 훈장

러일전쟁 참전 후 연해주 독립 단체 '동의회' 총장으로서 대한의군 무장과
의식주를 지원하고 안중근 하얼빈 의거를 도운 독립운동가

러일전쟁 후 일본은 1905년 을사늑약을 체결하여 대한제국의 외교권을 박탈한다. 고종은 1907년 헤이그 만국평화회의에 3명의 밀사를 보내 을사늑약의 부당성을 호소하려 했으나, 일본의 방해로 뜻을 이루지 못한다. 이를 빌미로 일본은 고종을 강제로 퇴위시키고 군대마저 해산시킨다. 최재형은 간도관리사 이범윤과 이위종, 안중근과 함께 독립 단체인 동의회를 조직하고 군 자금으로 1만3천 루블을 쾌척한다. 러시아 공사 이범진은 아들 이위종에게 1만 루블을 들려 최재형에게 보낸다. 동의회는 총장 최재형, 부총장 이범윤, 회장 이위종, 부회장 엄인섭, 서기 백규삼, 우영장 안중근이 핵심 인물이었다.

1909년, 최재형은 안중근과 이강과 함께 대동공보사에서 이토 히로부미 처단을 모의하고 마침내 1909년 10월 26일 하얼빈에서 안중근이 이토 히로부미를 격살한다.

《대동공보》,《대양보》 사장을 거쳐 권업회 회장으로

안중근의 하얼빈 의거 이후 《대동공보》가 일제의 압력으로 폐간되자 최재형은 《대양보》 사장을 맡지만, 여의치 않아 권업회를 만들어 회장을 맡고 《권업신문》을 만든다. 권업이라는 말은 일본의 감시를 피해 가기 위해 일자리를 알선한다는 의미였지만, 실제로는 한인들의 독립 의지를 고취하는 내용을 주로 실었다.

전로한족대표자대회 명예회장, 대한국민의회 외교부장, 임시정부 초대 재무총장을 역임

최재형은 1919년 전로한족대표자대회에서 이동휘와 함께 명예회장으로 추대되고 대한국민의회에서도 외교부장에 임명되었다. 또한, 상하이임시정부를 조직할 때도 최재형은 재무총장에 발탁되지만 수락하지 않았다.

1920년 4월 4일, 일본은 블라디보스토크와 우수리스크 일대에서 '4월 참변'을 일으킨다. 이때 러시아 장군들과 함께 많은 독립운동가들이 붙잡혀 총살을 당했는데, 최재형도 4월 7일에 일본의 총탄에 순국했다.

최재형 선생은 기업가로, 한인들의 페치카(난로)로, 한인들의 교육자로, 독립운동가로, 언론가로서 노블레스 오블리주를 실천한 위인이었다.

‹ 2 ›
고향을 등지다

기근과 홍수

최재형은 1860년 8월 15일, 경원에서 노비 최홍백의 둘째 아들로 태어났다. 어머니는 재색을 겸비한 기생이었다고 전해진다.

경원은 함경북도 최북단으로, 세종 때 여진족의 침입을 방어하기 위해 김종서를 파견하였던 회령, 부령, 종성, 온성, 경흥과 함께 6진 중한 곳이었다. 최재형이 태어날 무렵부터 함경도 사람들은 두만강을 건너 비옥한 연해주에 가서 계절 농사를 지었다. 첩첩산중인 함경도에서 두만강만 건너면 끝이 보이지 않는 광활하고 비옥한 빈 땅이 있었으니, 바로 그곳은 고구려의 땅이었고 발해의 땅이었다. 바다와 닿아 있어 연해주라 불리는 그 땅은 당시 청나라에서도 행정력이 미치지 못했고 러시아에서도 시베리아 동쪽으로는 유형지로 취급되어 사람이 살지 않는 비어 있는 땅이었다.

산간 지방 사람들에게 드넓은 목초지 연해주는 기회의 땅인 셈이었다. 그러나 두만강을 건너다 발각되는 날엔 그 자리에서 목이 잘렸고 관원들은 그 목을 강변에 매달아 놓았다고 한다. 그때나 지금이나 국민이 줄어들면 그만큼 국력이 약해지기 때문이었다. 기근과 학정에 시달리던 백성들은 강을 건너다 죽으나 굶어 죽으나 죽기는 매한가지라는 절박함으로 하나둘씩 강을 건너 낯선 땅으로 살길을 찾아갔다.

최재형이 대여섯 살 되던 해부터 함경도 지방에 극심한 가뭄이 계속되었다. 가뭄으로 농작물이 말라 죽으니 굶는 사람들이 늘어나서 조선 전체가 민심이 흉흉했다.

최재형이 아홉 살 되던 해에는 엎친 데 덮친 격으로 늦은 봄에 난데없이 흙비가 내렸다.

심심산골 골짜기마다 층층으로 일구어 만든 손바닥만 한 밭에도 흙비가 내려 마른 먼지만 풀썩풀썩 날렸다. 백성들은 임금을 원망했고, 임금은 하늘을 원망했다. 도처에서 기우제를 지냈으나 모두 허사였다.

여름 내내 데일 듯 뜨겁게 내리쬐던 해가 칠석을 앞둔 어느 날, 낮인지 밤인지 모를 정도로 천지가 캄캄하더니 드디어 천둥과 번개가 세상을 뒤흔들었다. 하늘에 구멍이 뚫린 것처럼 장대비를 쏟아부었다. 딱딱하게 굳은 땅에 폭포처럼 쏟아붓는 비는 금세 홍수로 변해 물길과 가까운 집이 떠내려가고 산사태까지 나서 멀쩡하던 동네가 흔적도 없이 사라졌다.

굶주림으로 죽음의 문턱에서 하루하루를 간신히 버티던 소작인들은 일찍이 겪어 보지도 못했던 대홍수로 집도 절도 없는 떠돌이 신세가 되었다. 물길에 휩쓸려 죽은 사람도 부지기수였고 세간마저 떠내려가서 목숨이나마 붙어 있는 걸 기적으로 생각해야 했다.

남도 지방에는 호열자(콜레라)가 발생했다. 호열자는 불길처럼 번져 유령 마을이 생긴다는 소문이 자자했다. 드디어 함경도에도 호열자가 발생했다. 고열에 들뜬 헛소리가 마을을 집어삼키고 설사를 쫘악쫘악 쏟게 했다. 길가에는 나뒹구는 낙엽처럼 시체가 즐비했다.

두만강을 건너

최재형의 아버지 최홍백은 두 아들과 늙은 부친을 모시고 두만강을 건너 연해주로 이주를 결심한다. 경원군은 3국 국경이 맞닿은 곳인데 두만강을 건너면 중국의 훈춘 땅으로 가는 길과 러시아 연해주로 가는 길이 마주하는 곳이었다. 소문에는 몰래 강을 건넌 사람들이 연해주 지신허에 한인 부락을 이루고 산다는 말이 들렸다.

어느 날 아버지 최홍백이 식구들을 불러 앉히고 무겁게 입을 열었다.

"아버님, 우리도 두만강을 건너 러시아로 가야겠습니다."

러시아 연해주의 발해성터

재형의 형이 움푹 패인 눈을 껌뻑이며 걱정스럽게 물었다.

"아버지, 만약 강을 건너다 발각되면 그 자리에서……"

주름진 최홍백의 얼굴에 긴장감이 감돌았다.

"선택의 여지가 없어. 굶어 죽는 사람들이 날마다 늘어 간다. 게다가 호열자까지 돌고 있어. 병약하신 할아버지가 더 걱정이다. 우리도 언제 쓰러질지 몰라. 머뭇거릴 시간이 없다. 사흘 후에 강을 건넌다. 사람들 눈치채지 못하게 어서 짐을 꾸려라."

최홍백은 자리에서 일어나자마자 낫과 호미, 삽과 괭이는 물론, 밭을 갈 때 쓰는 보습까지 챙겼다. 호열자로 세상을 떠난 아내의 빈자리를 두 아들이 대신해서 부엌살림과 집 안 살림살이를 챙겼다.

사흘은 금세 지나갔다. 재형은 아버지와 함께 어머니 산소를 마지막으로 찾았다. 최홍백은 아내의 무덤에 마지막으로 절을 올리는 두 아들을 재촉하며 서둘러 집으로 돌아와 부친을 부축했다.

"아버지, 어서 떠나야 해요."

최홍백의 재촉에 재형의 할아버지가 지팡이를 챙겨 들었다. 재형은 어린 마음에 먼 길을 떠난다는 것이 호기심보다는 두려움이 더 컸다. 특히나 관원에게 발각되면 효수형을 당한다는 게 가장 겁이 났다. 최홍백은 큰길을 피해 후미진 길로 하루 종일 걸었다.

드디어 강물이 보였다. 강물은 홍수 뒤끝이라 흙탕물이었지만 그리 깊지 않아 다행이었다.

최홍백은 사람들의 흔적이 없는 후미진 곳에서 짐을 내려놓고 숨을 골랐다.

"우린 이제 강을 건너면 다시 태어나는 것이다. 저 강을 건너면 내

땅을 가질 수 있어. 우리 밭을 일구고, 우리 집을 짓고, 우리도 주인이
될 수 있다."

땀에 젖은 최홍백의 얼굴에 툭 불거진 광대뼈가 더 두드러져 보였
다. 할아버지의 흐트러진 상투는 석양빛을 받아 불그스름하게 물들었
다. 재형은 비교적 가벼운 옷 보퉁이를 등에 지고 아버지의 뒤를 바짝
뒤쫓았다.

"자, 어서 나를 따라와라."

커다란 장대로 강물의 깊이를 가늠하며 재형의 아버지 최홍백이 먼
저 강물 속으로 저벅저벅 발길을 내디뎠다.

‹ 3 ›
낯선 땅, 낯선 하늘

새로 발을 디딘 땅은 드넓고 비옥했다. 아버지 최홍백은 젖은 옷을 갈아입자마자 쉴 틈도 주지 않고 바삐 서둘렀다.

"어서 가자. 여기는 아령 땅이지만 이곳까지 군사들을 풀어서 월경자들을 잡아간다니 아직은 안심할 수 없다. 어서 서둘러라."

재형은 이렇게 넓은 땅도 세상에 존재한다는 것이 신기하기만 했다. 경원 땅에서는 눈만 뜨면 깎아지른 산봉우리와 마주했는데, 이곳은 어디를 봐도 끝이 보이지 않았다. 배가 고파 쓰러질 것 같으면, 잠시 길가에 앉아 쉬다가 금세 일어나 다시 걸었다.

어느덧 해가 넘어가고 점점 어두워지기 시작했다. 최홍백은 구릉 아래 아늑하게 들어간 곳에 짐을 내려놓고 잠자리를 만들었다. 마른 풀을 깔고 이불을 꺼내 덮었지만, 거칠 것 없는 평원을 달려온 밤바람은 살 속까지 파고들었다. 어디선가 지독한 냄새가 코를 찔렀다.

"할아버지, 냄새 때문에 토할 것 같아요."

"아마도 예 어디쯤에서 죽은 들짐승이 썩는 게로군."

러시아 연해주 하산스키 군에 있는 얀치헤(현 크라스키노) 전경

할아버지가 혼잣말처럼 중얼거렸다. 재형은 할아버지의 품으로 파고들었다.

이튿날 새벽, 재형은 추워서 눈을 떴다. 할아버지와 아버지는 벌써 일어나서 짐을 짊어지고 길을 나서고 있었다.

얼마쯤 걸었을까. 저 앞에 독수리 떼가 뒤엉켜 있었다. 최홍백이 장대를 휘둘러 독수리 떼를 훠어이 훠어이 쫓았다. 거무스름한 물체들이 길바닥에 널브러져 있었다. 가까이 다가가던 최홍백이 갑자기 소리쳤다.

"오, 세상에! 이런 끔찍한!"

재형도 검은 물체 쪽으로 뛰어갔다. 사람이었다. 죽은 지 며칠이 된 것 같았다. 살림 도구가 어지럽게 나뒹굴고 살 썩은 냄새가 진동했다.

아버지와 할아버지는 삽과 괭이를 꺼내 흩어진 인골을 한데 모아 땅을 파고 묻어 주었다. 재형은 너무나 끔찍스러워 아버지에게 말했다.

"아버지, 고향으로 돌아가요. 무서워 죽겠어요."

19

재형의 아버지가 고개를 저었다.

"우린 이제 돌아가도 살아남지 못한다. 마을에 우리가 강을 건넜다는 소문이 다 퍼졌을 게야. 그러니 우리는 아라사 땅으로 더 깊숙이 들어가 먼저 강을 건너온 사람들을 만나야 해. 머뭇거리다가는 우리도 저 꼴이 된다."

재형은 아버지의 말에 등골이 오싹했다. 어떻게든 빨리 사람들이 사는 곳을 찾아가야 했다.

걷고 쉬고 또 걷고 또 쉬면서 두만강을 건넌 지 사흘째 되는 날, 멀리 연기가 피어오르는 집이 보였다. 재형의 아버지가 들뜬 목소리로 말했다.

"아버님, 저기 사람들이 사는 마을이 보입니다. 밥 짓는 연기가 틀림없어요."

집을 떠난 후 제대로 밥을 먹어 본 지가 언제인지 몰랐다.

움막 같은 집들이 나타났다. 조선에서 강을 건너와 터를 잡은 사람들이 틀림없었다. 집이라기보다 언덕을 지붕 삼아 토굴을 파고 나뭇가지로 지붕을 얹은 곳이었다. 돼지우리나 다름이 없는 움집은 방도 부엌도 구분이 없었다. 가느다란 나뭇가지로 엮은 발을 늘어뜨려 문으로 사용하고 있었다. 마을 이름은 지신허라고 했다.

지신허는 1863년 봄, 함경도 무산에 사는 최운보와 경흥에 사는 양응범이 두만강을 건너와 최초로 살기 시작했다. 1869년경에는 무려 6,500여 명의 함경도 농민들이 두만강을 건넜다고 전해진다.

계봉우가 작성한 《아령실기》에는 당시의 상황이 잘 나타나 있다.

마을엔 의지할 만한 변변한 집도 없고 양식도 없어서 형용할 수 없는 굶주림과 추위에 견딜 수가 없었다. 당시 연해주 군무지사인 푸루겔름은 자신의 권한으로 블라디보스토크 창고에서 4,000푸드의 저질

이주 초기 한인들의 모습

21

보리와 2,000푸드의 밀가루를 풀어서 빈곤한 한인들에게 나누어 주었다고 기록하고 있다. 이듬해에도 상황은 더 심각했다. 얀치혜, 포시에트, 지신허에 이르는 길가에는 굶어 죽은 시체가 널려 있었지만, 그들은 월경죄 때문에 다시 조선으로 돌아갈 수도 없었다.

최홍백은 어디에 터를 잡아야 할지, 또 다른 곳을 찾아가야 할지 난감하기만 했다.

"여기 말고 다른 곳엔 조선 사람이 없습니까?"

장죽을 문 노인이 고개를 저으며 말했다.

"이곳에서 살기 힘들다고 청나라 배를 빌려 타고 추풍으로 떠난 사람들이 있었소. 그들은 추풍에 닿기도 전에 배가 암초에 부딪혀서 수십 명이 물귀신이 되고 말았소. 이곳은 늪이 많아 지리를 모르고 무작정 나섰다가는 독충에 물릴 수도 있소. 그러니 과거에 러시아 군인들이 거처하던 토굴을 찾아보는 게 좋을 거요. 또 낯선 곳으로 떠나는 것은 아주 위험한 일이오."

"알겠습니다. 그럼 러시아 병사들이 파 놓았다는 토굴은 어디쯤 있습니까?"

노인이 재형의 가족을 안내했다. 노인이 안내한 곳은 덤

가수 서태지가 한인들이 처음 정착해 이룬
러시아 연해주 지신허 마을 입구에 세운 기념비

불이 우거져서 겉으로 봐서는 토굴인지 아닌지 알 수도 없었다.

"여기 잡풀을 걷어 내면 그런대로 거처를 마련할 수 있을 거요. 우리가 사는 곳도 바로 이런 토굴이었으니까요."

최홍백은 짐을 내려놓자마자 토굴 입구에 우거진 풀을 걷어 내기 시작했다.

< 4 >

러시아 정교회학교
최초의 한인 학생이 되다

토굴을 재정비하고 살림살이를 부리는 동안 먼저 온 한인들이 서로서로 도와주었다.

다음 날부터 온 식구들은 새벽부터 밤늦게까지 땅을 파서 밭을 일구었다.

아버지의 얼굴엔 날마다 새로운 기쁨이 넘실거렸다. 노비의 신분에서 벗어나 비로소 자유를 얻은 새로운 삶. 내 땅을 가질 수 있다는 희망이 아버지를 활기차게 만들었다. 아버지와 형이 밭을 일구면 재형은 할아버지와 함께 돌과 나무뿌리를 골라냈다.

한인들은 열심히 일하면서 자식들의 교육을 걱정했다. 한인들의 뜨거운 교육열은 서당을 열고 공자와 맹자를 가르치기 시작했다.

그 무렵 러시아 당국에서도 늘어나는 한인들을 러시아화하기 위해 러시아 정교회학교를 설립했다. 수업은 러시아어로 진행되었고 모든 교과 내용도 러시아에 관한 것이었다.

정교회학교에서 한인 자녀들을 모집하였는데 한인들은 대부분 응하지 않았다. 한인들은 러시아식 교육도 맘에 들지 않았고 우선은 일손이 부족해 아이들의 도움이 필요했다.

그러나 재형의 아버지 최홍백은 생각이 달랐다. 밭을 일구고 첫 씨앗을 뿌린 이듬해 봄, 최홍백이 식구들에게 말했다.

"드디어 오늘 비로소 우리 땅에 첫 씨앗을 뿌렸다. 알찬 열매를 맺으려면 그만큼 열심히 노력해야 한다는 걸 한시도 잊지 마라. 그리고 재형이를 러시아 정교회학교에 보내려고 한다."

재형은 아버지의 말에 깜짝 놀랐다.

"학교가 어디 있는데요?"

최홍백은 결심한 듯 말했다.

"새로운 땅에서 적응하고 살려면 이 나라 말을 배워야 한다. 아라사

러시아 정교회학교 학생들

말을 가르친다고 안 보낸다는 사람들도 있다지만, 나는 생각이 다르다. 재형이가 정교회학교 첫 한인 학생이 될 테니 애비 말 명심하고 학교에 가서 열심히 배우도록 해라."

재형은 아버지의 말에 궁금한 게 한두 가지가 아니었다.

"아버지, 아라사의 학교에 조선 선생이 있어요?"

아버지가 천천히 고개를 저었다.

"아라사 땅에서 살아가려면 아라사 사람한테 아라사 말을 배워야지. 아라사 말도 열심히 배우고 세상을 살아가는 지혜도 열심히 배우거라."

재형은 할아버지와 아버지의 말에서 새 세상을 꿈꾸는 게 역력하게 보였다.

다음 날부터 재형은 러시아 정교회학교의 최초 한인 학생이 되었다. 그러나 집안이 너무 가난해서 학비를 낼 수가 없었다.

계봉우가 작성한 《아령실기》 교육란에 최재형에 관한 내용이 나와 있다. 계봉우는 이 글에서 빈한하게 고생하며 공부한 대표적 인물이 최재형이라며 아래와 같이 밝혔다.

> 빈곤하기 때문에 취학하기 불능한 사실의 일례를 든다면 최재형 씨의 유시(幼時) 고학한 것이 실증이 되었다. 그가 러시아 학교에서 수업할 때에 그 빈한함이 뼈에 사무쳤는지, 굿을 하는 집에 가서 떡 조각을 빌어먹어 허기를 채운 일도 있었고, 삼동(三冬)이면 양말과 신이 없어서 짚단을 가지고 눈 위를 걸어 다니다가 그 짚단을 펴고 꽁꽁 언 발을 녹였다고 한다.
> – 박환 교수 저 《시베리아 한인민족운동의 대부 최재형》에서 발췌

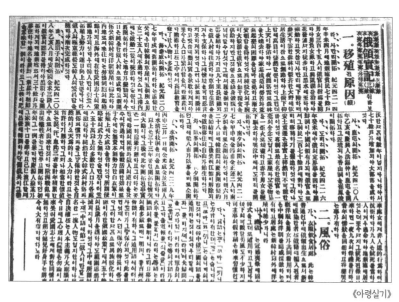

《아령실기》

　재형이 학교에 다니는 사이 재형의 형은 결혼을 했는데 형수는 재형을 심하게 구박했다. 심지어 일을 하지 않는다고 밥은커녕 누룽지도 아깝다며 굶겼다. 재형은 겨우 누룽지로 끼니를 때우고 학교에 가야 했으니 공부 시간에도 늘 배가 고파 허기졌다.

　주린 배를 움켜잡고 집으로 돌아오는 길에 어디서 북소리가 나면 굿당이 열린 것을 알아채고 아무리 멀어도 뛰어가서 떡을 얻어먹으며 주린 배를 채웠다.

　최재형은 정교회학교에서 많은 것을 배웠고, 생각도 나날이 깊고 넓어졌다. 조선은 러시아 땅에 비하면 손바닥 전체에서 새끼손톱보다도 작은 나라라는 것도 알게 되었다. 게다가 자신이 살고 있는 지신허는 러시아 땅의 한 귀퉁이에 찍힌 점과 같은 곳이라는 것도 알게 되었다.

최재형이 가출한 후 쓰러져 있었던 포시에트 해변의 현재 모습

최재형기념사업회 학술위원 신춘호 제공

포시에트 항구의 현재 모습

　그 무렵 최재형은 학교 친구들로부터 포시에트라는 바닷가에 가면 배를 가지고 세계를 돌며 장사를 하는 상선들이 많이 있고, 그곳에서 심부름만 해 줘도 밥을 굶지 않는다는 소문을 듣는다. 날마다 허기와

싸워야 하는 처지에서 그 소문은 어린 최재형에게 가출하고 싶은 욕망을 불러일으켰을 것이다.

　최재형은 친구 둘과 함께 가출을 결심한다. 집을 나서는 날 바닥이 보이는 누룽지 그릇을 내미는 형수에게 그 그릇을 집어 던지고 집을 뛰쳐나온다. 그러나 당시 허허벌판에 길이 있을 리 없다. 최재형은 친구들과 셋이서 황무지를 가로질러서 무작정 바닷가를 찾아간다. 어느덧 날이 저물어 들판에서 하룻밤을 보낸 친구들은 겁을 먹고 다시 집으로 되돌아간다. 하지만 최재형은 형수에게 누룽지 그릇을 집어 던지고 나왔으니 돌아갈 수가 없다.

　결국 허기진 몸으로 사흘 밤낮을 걸어 포시에트 바닷가에 도착한 최재형은 그대로 실신해서 쓰러지고 만다. 그러나 어린 소년의 도전과 용기는 앞으로의 삶을 180도로 바뀌는 전환점이 된다.

5

선한 러시아 선장을 만나다

　추위와 굶주림으로 바닷가에 쓰러진 최재형은 이튿날 선원들에게 발견되었다. 당시 최재형의 모습은 차마 사람이라 상상할 수 없을 정도로 참혹했다고 한다. 당시 결혼을 하지 않은 조선 아이들은 머리를 길게 땋아 늘어뜨렸다. 바로 총각의 표시였다. 우리가 먹는 총각김치는 바로 이러한 모습에서 유래된 말이다.

　신발은커녕 양말도 신지 않은 최재형은 몰골이 말이 아니었다. 짚북데기를 뭉쳐 놓은 것 같은 머리는 몇 년 동안이나 빗질을 하지 않아 마치 검불을 뒤집어쓴 형상이었다. 함경도를 떠난 이후 한 번도 빗질을 못 한 상태였을지도 모른다. 어머니가 없는 상태에서 갓 결혼한 형수가 밥도 주지 않고 구박을 했으니 시동생의 머리를 빗겨 줄 리 없었을 테고, 입고 있는 옷 또한 옷인지 넝마 조각인지 구분할 수 없었을 것이다. 러시아 선원들은 낯설고 기이한 모습의 어린 최재형을 발로 툭툭 차며 진귀한 구경거리를 만난 듯 희희낙락하며 놀렸다. 그때 마침 선한 선장이 최재형을 발견한다. 선장은 선원들을 나무라고 최재형을 자신의 집으로 데려갔다.

최재형의 자녀들이 아버지에 관해 쓴 글에는 그때의 정황을 다음과 같이 기술하고 있다.

선장이 소년을 데려오자 그의 부인은 소년을 잘 씻기고 선원복을 입혀 주었다. 최재형은 러시아어를 몰라 애를 태웠다. 그러나 시간이 흐르는 동안 최재형은 러시아 말을 꽤 하게 되었고 책도 제법 읽게 되었다. 서양 문명도 파악하게 되었다. 선장의 아내는 인텔리로서 소년에게 러시아어뿐만 아니라 유럽의 문화와 인간에 필요한 학과목 등을 가르쳐 주었다. 최재형도 열심히 공부하였다. 향후 그들 사이는 친부모 자식 같은 사이가 되었다. 세월은 흘러 최재형은 러시아 말을 유창하게 하게 되었고 또 중국어까지 배우게 되었다. 결국 최재형은 헐벗고 굶주린 소년에서 유식한 인텔리가 되었던 것이다. 선원 생활을 통해 그는 상당히 많은 것을 알게 되었다. 외국 체류 시 그 나라 사람들의 생활도 알게 되었고 상트페테르부르크 체류 시에도 많은 것을 배우게 되었다. 그가 6년 동안 상선에서 일하면서 블라디보스토크와 상트페테르부르크를 오간 거리를 합하면 세계를 거의 두 번이나 돈 셈이 된다. 상트페테르부르크를 두 번째 방문할 때 그의 나이가 17세였다. 그는 선원들과 여러 항구에 들를 때마다 세계의 다양한 사람들의 생활을 익힐 수 있었다.
  － 박환 교수 저《시베리아 한인민족운동의 대부 최재형》에서 발췌

최재형을 구해 준 선장은 상선을 가지고 전 세계를 돌며 장사를 하는 사람이었다. 예나 지금이나 시베리아에서 생산되는 질 좋은 모피는 최고의 품질이었다. 블라디보스토크를 거점으로 한 상인들은 모피를 싣고 멀리 유럽에 가서 비싼 값에 팔았다. 최재형은 표트르 세메노비츠 선장 부부와 함께 블라디보스토크를 떠나 동남아시아를 거쳐 남아프리카 희망봉을 돌아 유럽까지 가는 동안 수많은 항구에 들러 물건을 사고파는 모습을 지켜보았을 것이다. 이러한 경험이 소년 최재형에게 얼마나 값진 체험이 되었을지 충분히 상상할 수 있다. 게다가 교양과 지식을 겸비한 자애로운 선장 부인은 최재형에게 극진한 사랑을 쏟으며 소년 최재형을 글로벌 청년으로 키워 냈다.

블라디보스토크 인근에는 4-5월이 되어야 얼음이 녹는다. 모피를 실은 상선들은 늦봄에 블라디보스토크를 떠나 약 6개월에 걸쳐 세계 곳곳의 항구를 돌며 가을이 되어야 상트페테르부르크에 도착했다고 한다. 상선들은 이듬해 봄 얼음이 녹을 때까지 상트페테르부르크에서 겨울을 보냈다. 상트페테르부르크는 유럽의 창이라 일컬을 만큼 아름다운 곳으로, 러시아의 유명한 표트르(피터) 대제가 건설한 인공 도시이다. 지금도 여름 궁전이나 카잔 대성당은 세계에서 가장 아름다운 건축물로 유명하다.

필자의 소설 《독립운동가 최재형》에서 나는 상트페테르부르크를 처음 본 최재형의 감상을 이렇게 적었다.

지신허에 사는 아버지와 형, 그리고 형수는 이렇게 멋진 세상이 있

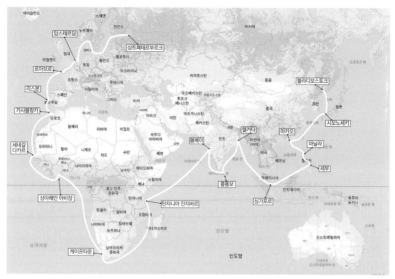

최재형 선생이 청소년 시절 블라디보스토크에서 상트페테르부르크까지 항해했던 추정 항로

세계에서 가장 아름다운 건축물로 손꼽히는 상트페테르부르크의 여름 궁전

다는 걸 상상이나 할 수 있을까. 세상의 한끝에는 당장 두 발을 뻗고 편안히 몸을 누일 집도 제대로 없는 사람들이 살고 있는가 하면, 지구의 반대쪽에서는 이처럼 어마어마한 궁전을 지어 파티를 열고 즐기는 사람들이 살고 있다는 게 믿어지지 않았다.

재형은 화려한 궁전을 돌아보며 함경도 산골에서 살다 돌아가신 어머니도 불쌍했고, 지신허에서 허리를 펼 새 없이 땅만 파며 사는 아버지와 식구들도 불쌍했다.

재형은 상트페테르부르크를 돌아보며 문득문득 자신을 구박한 형수가 고맙게 느껴질 때가 있었다. 형수가 구박을 하지 않았다면 재형은 지신허의 삶이 세상의 전부로 알고 있었을 게 아닌가. 배를 타고 바다 위를 돌고 돌아 러시아의 서쪽 끝에 와서 이런 별천지를 보게 된 것이 꿈만 같았다.

최재형이 상선을 타고 남아프리카를 돌아 두 번이나 상트페테르부르크에 머무는 동안 아름다운 여름 궁전이나 웅장한 카잔 대성당을 보고 얼마나 놀랐을지, 또 얼마나 부러워했을지 상상하고도 남는다. 한창 감수성이 예민한 청소년기의 최재형에게 눈이 부시도록 아름다운 건축물들은 엄청난 문화 충격을 주었을 것이다.

⟨ 6 ⟩
글로벌 청년이 되어

　최재형이 가출한 후 선한 러시아 선장을 만났던 1871년, 조선은 신미양요가 일어나 강화도가 초토화되던 때였다. 1866년 미국의 제너럴셔먼호가 조선과 통상을 요구하다가 대동강에서 불에 타 침몰한 사건이 뒤늦게 미국에 알려졌다. 미국은 1871년 이 사건의 책임을 추궁하며 5척의 군함과 1,230명의 병력으로 강화도를 공격했다. 초지진을 점령한 미군은 다시 광성진을 공격하였다. 강화 수비군 어재연은 끝까지 맞섰으나 육박전에서 미합중국 해병대 제임스 도허티의 총검에 찔려 전사하고 만다.

　바로 이때 조선의 노비 아들인 11살의 최재형은 러시아 상선을 타고 6년 동안 세계 곳곳을 누비고 다닌 것이다.

　1881년에 신사 유람단의 일원으로 일본에 간 유길준보다 무려 10년이 앞섰고, 1888년 미국으로 망명한 서재필과 서광범보다 무려 17년 전의 일이었다.

　최재형은 상트페테르부르크의 아름답고 황홀한 풍경을 보며 그 도

상트페테르부르크 네바강 인근의 유명한 상징물인 표트르 대제 청동 기마상

시를 건설한 표트르 대제를 가슴에 품고 롤 모델로 삼았을지도 모른다. 표트르 대제는 로마노프 왕조의 황제로 본명은 표트르 알렉세예비치 로마노프이다. 큰형은 일찍 죽었고, 둘째 형은 정신 지체아로 정치에 참여할 수가 없었다. 표트르는 어린 나이에 왕위에 올랐으나 이복 누이인 소피아 공주의 쿠데타로 궁 밖에서 불행한 생활을 해야 했다.

그러나 크렘린 궁궐 밖의 생활은 표트르에게 많은 경험의 기회를 제공했다. 영국이나 네덜란드 사람들을 자유롭게 만날 수 있었고 그들의 선진 문화를 쉽게 접할 수 있었다. 특히 과학과 실용적인 문화에 관심이 많았던 표트르는 다양한 기술에 호기심을 갖고 어릴 때 석공 기술과 목수 일을 배웠다.

표트르 대제는 어린 시절부터 바다를 가까이했고, 특히 영국이나 네덜란드 선장들로부터 항해술 및 선박에 관한 지식을 배웠다. 최재형은

러시아 극동 지역의 유일한 부동항인 블라디보스토크 항구의 옛 모습

표트르 대제의 어린 시절과 자신을 동일시하지 않았을까. 왜냐하면 최
재형이 나중에 아버지가 사는 얀치혜에서 정원을 가꾸고 유실수를 심
고 공중목욕탕을 지은 것을 보면 알 수 있다. 필자는《독립운동가 최재
형》에서 당시 최재형의 심리를 아래와 같이 풀어냈다.

　　재형은 빅토리아호가 네바강에 들어설 때부터 강 양쪽에 지어진
　　아름다운 건물에 온 정신을 빼앗겼다. 나타샤가 강변의 경치에 황
　　홀해하는 재형에게 말했다.
　　"표트르 대제는 이 네바강을 파서 수많은 운하를 만들었어. 그리고
　　강변에 저토록 아름다운 건물을 지은 거야. 표트르 대제는 이 도시
　　를 건설하면서 유럽의 창이라고 했대."
　　빅토리아호는 상트페테르부르크에서 겨울을 난다고 했다. 시베리

아에서 가져온 모피는 아주 비싼 값에 팔려서 선장 부부는 많은 이익을 남겼다며 흡족해했다.

재형은 여름 궁전을 돌아보며 선장 부인이 보여 준 동화책에서나 보았던 꿈속 같은 궁전들을 실제로 볼 수 있다는 사실이 신기하기만 했다.

"세상에! 이렇게 아름다운 궁전이 실제로 있다는 게 믿기지 않아요."

나타샤는 자신이 러시아 사람이라는 사실을 굉장히 자랑스러워했다. 재형은 나타샤를 보며 자신도 조선 사람이라는 것을 자랑스러워할 수 있을까 문득문득 생각에 잠기곤 했다. 나타샤는 조각상 하나하나에 깃들어 있는 이야기들을 재형에게 들려주었다. 궁전에 새겨진 조각들은 거의 다 성경과 관련이 있었다. 재형은 대리석으로 된 멋진 조각상들을 넋을 잃고 바라보았다. 조각상들은 대부분 성경에 나오는 열두 제자의 모습이거나 아기 예수를 안은 성모 마리아의 모습이었다.

재형은 배를 타고 오는 동안 나타샤를 통해 성서에 나오는 많은 이야기를 들어서 조각상들이 전혀 낯설지는 않았다.

재형은 이렇게 멋진 도시를 건설한 표트르 대제를 닮을 수만 있으면 닮고 싶었다. 특히 표트르 대제가 자신처럼 어린 나이 때 네덜란드에 가서 힘들게 배를 만드는 기술과 항해 기술을 배웠다는 말에 재형은 표트르 대제와 막연한 동질감을 느끼게 되었다.

표트르 대제는 모스크바 대공국의 서쪽 끝에는 상트페테르부르크를 새로 건설하고 동쪽으로는 블라디보스토크까지 국토를 넓혀 마침내 러시아 제국을 선포하고 황제라는 칭호를 처음으로 사용했다는 말을 들었을 때도 재형은 가슴이 뛰었다. 재형은 마치 러시아의 동쪽 끝에서 온 자신이 표트르 대제와 만나기 위해 러시아의 서쪽 끝으로 온 것 같은 행복한 착각도 들었다.

  - 중략 -

최재형은 6년간의 선원 생활을 마치고 1877년에 블라디보스토크에 돌아온다. 표트르 세메노비츠 선장이 나이가 많아 다른 사람에게 배를 팔았기 때문이었다. 선장은 최재형을 블라디보스토크에 있는 친구 회사에 상사원으로 취직을 시켜 주고 상트페테르부르크로 돌아간다.

최재형은 유창한 러시아어를 구사하며 4년 동안 선장의 친구 회사에서 상사원으로 사업 수완을 익히고 인맥을 넓혀 나갔다.

그 무렵 블라디보스토크는 제정 러시아의 동방 정책으로 많은 군대가 주둔하게 된다.

'블라디'는 러시아어로 '지배하다'란 뜻이고, '보스토크'는 '동방'이란 뜻이다. 즉, 블라디보스토크라는 지명이 곧 '동방을 지배하라'라는 뜻이다.

< **7** >

아버지를 찾아 가족들 곁으로

6년간의 선원 생활 경험을 바탕으로 최재형은 선장 친구 회사인 모르스키 상사에서 4년 동안 일을 하면서 러시아 상인들과 돈독한 인맥을 형성한다. 최재형에게 이때의 경험은 동양의 카네기라 부를 정도로 부를 쌓게 되는 발판이 마련되는 시기였다고 할 수 있다.

스무 살을 넘긴 최재형은 4년 동안 번 돈을 가지고 드디어 아버지를 찾아간다. 열한 살에 집을 나와 10년 만에 가족을 찾아가는 최재형은 그동안 얼마나 가족이 그리웠을지 상상하고도 남는다. 아버지와 형은 물론 심하게 구박했던 형수도 그리웠을 것이다.

최재형은 가출 후 자신을 구해 준 선장을 만났던 곳, 포시에트 항구에 가서 말을 빌려 타고 지신허를 찾아갔다.

필자는 청소년 소설 《독립운동가 최재형》에서 가족을 찾아가는 최재형을 다음과 같이 풀어냈다.

재형은 눈길을 걸어 학교에 다니던 길을 말을 타고 달리니 온갖 감회가 새로웠다. 재형이 말을 타고 달리는 길은 겨울에 눈이 발목까지 쌓였을 때 버선은커녕 신발도 없이 맨발로 걷던 길이었다. 짚단을 들고 발을 녹이며 걸었던 그 길을 말을 타고 달리며 재형은 그런 환경에서도 얼어 죽지 않고 살아 냈다는 게 꿈만 같았다.

이윽고 지신허 마을에 도착했다. 그러나 동네는 썰렁하고 집들도 보이지 않았다. 옛 토굴 터에는 깨어진 세간들이 나뒹굴었다. 재형은 아버지와 식구들이 잘못되었을까 봐 가슴이 철렁 내려앉았다. 가난을 이기지 못하고 돌아가신 것은 아닐까. 재형은 인적을 찾아 다시 말을 몰았다. 다행스럽게도 한인들은 대부분 얀치혜라는 곳으로 이주를 했다는 사실을 알아냈다.

재형은 다시 말을 타고 얀치혜로 달렸다. 끝없는 평원을 한참 동안 달려 얀치혜에 도착하니 제법 너른 밭에 옥수수와 수수 잎이 검푸른 파도처럼 출렁거렸다. 이곳은 지신허보다 땅이 기름져 보였다. 집들도 제법 모양새를 갖춰서 지신허에서 살던 움집이 아니었다. 밭에서 일을 하고 있던 노인이 말을 타고 나타난 재형을 보고 밭둑으로 걸어 나왔다. 아버지는 어디 살고 계실까. 오랜만에 한인들을 보니 재형은 아버지를 만난 것처럼 가슴이 뛰었다.

– 중략 –

최재형은 얀치혜에서 아버지를, 형과 형수를, 그리고 조카들을 만난다. 최재형은 소년에서 청년으로 외모뿐만 아니라 정신까지도 완전히 환골탈태한 상태였다.

최재형은 그동안 번 돈으로 집을 새로 짓고 가축을 사서 집안을 부흥시킨다.

《조선과 그 이웃 나라들》의 저자
이사벨라 버드 비숍

영국의 왕립 지리학회 여행가 이사벨라 버드 비숍 여사가 쓴《조선과 그 이웃 나라들》이란 책에는 얀치혜는 비옥한 검은 흙으로 모든 곡식과 식물들이 잘 자라는 곳이며 땅은 깨끗하게 경작되어 있고 한인들의 촌락은 당시 조선과 비교하면 매우 강력한 지배층의 저택 같은 집들이 많다고 쓰고 있다. 큰 촌락은 보통 92만 평의 비옥한 농지를 갖고 있으며, 약 140여 세대가 거주한다고 밝히고 있다.

비숍 여사가 얀치혜를 방문했던 때가 1890년이니 최재형이 대저택을 짓고 개인 농장을 만들어 농사일에 전념하여 마을이 부흥했던 때였

한인 노동자들

음을 알 수 있다.

그 후 최재형은 본격적으로 통역관으로 일을 하게 된다. 최재형은 얀치혜에서 최초로 러시아 정교회학교에 다녔고 그 후 6년 동안 선장 부인으로부터 러시아어를 유창하게 구사할 수 있을 정도로 배운 데다, 블라디보스토크에 돌아와 상사원 생활을 하면서 직접 러시아 사람들을 상대했으니, 최재형만큼 러시아어를 잘하는 사람은 아마도 없었을 것이다. 게다가 러시아 문화까지 익혔기 때문에 누구보다 유능한 통역원이 될 수 있었다.

때마침 러시아는 동방 정책으로 블라디보스토크에 많은 군대가 주둔하게 되면서 최재형은 해군 소위, 경무관의 통역 등 러시아의 군부와 치안 당국의 통역사로 활동하게 된다. 덕분에 최재형은 러시아인들로부터 더욱더 신뢰를 얻게 되었다.

박환 교수의 저서《시베리아 한인민족운동의 대부 최재형》에는 "최재형은 러시아 문물에 익숙하여 러시아 관원의 신임을 얻었으므로 우리 겨레의 노동자를 많이 비호하였다. 두 번이나 러시아의 수도 페테르부르크에 가서 러시아 황제를 뵙고 훈장을 받았으며……"라고 박은식 선생이《한국독립운동지혈사》에서 최재형에 대해 언급한 내용을 인용하고 있다.

한인들은 러시아의 동방 정책에 주요한 노동력을 제공했는데 똑같은 일을 해도 한인들은 러시아 노동자들보다 턱없이 낮은 임금을 받고 있었다. 최재형은 이런 사정을 헤아리고 한인들을 차별하는 러시아인들에게 항의해서 한인들의 처우를 개선해 준다. 그 후부터 한인들은 당연히 최재형을 의지하게 되고 어려운 일이 있을 때마다 최재형을 찾아와 의논했다고 한다. 그 후 최재형은 얀치혜 남도소의 서기로 뽑혀 러시아의 공적인 업무를 보게 되는데, 최재형은 3년 동안 문서 정리와 사무 처리를 하면서 러시아의 공무를 담당하는 중요한 인물이 된다.

참고 도서
박환 교수 저《시베리아 한인민족운동의 대부 최재형》

< 8 >

도로 공사 책임자에서
한인들의 페치카로

1884년 연해주 당국은 군인들이 상주하게 되면서 도로의 정비가 시급했다.

러시아는 블라디보스토크에서 라즈돌리노예 – 자나드롭카 – 슬라비얀카 – 노우키예프스크 – 크라스노예를 거쳐 두만강 조·러 국경까지

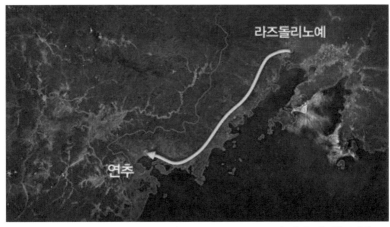

라즈돌리노예-연추 구간의 도로
(최재형은 이 도로의 일부인 얀치혜–멍고개 구간 공사를 마쳤으며,
이 공로로 니콜라이 2세로부터 은급훈장을 받았다.)

군사 도로 공사를 시작했다.

한인들은 대부분 도로 공사장에서 노동을 했고 아이들 중에는 골프장에서 러시아인들의 캐디로 일을 하기도 했다.

도로 공사에서 인부들이 쓰는 연장은 삽, 곡괭이, 들것 등 매우 열악한 것들이었기 때문에 노동자들에게는 아주 힘든 중노동이었다. 통역을 맡은 조선 출신 통사들은 조선인 노동자들의 입장을 대변하기보다는 자신들의 부를 축적하는 데 급급했다고 한다. 박환 교수 저《시베리아 한인민족운동의 대부 최재형》에 인용된《아령실기》에는 이러한 통사들의 행동이 잘 나타나 있다.

(통사)는 러시아어를 아는 사람의 칭호인데 그 종류의 구별이 적지 않다. 화차나 윤선이나 그나마 어떠한 노동장이든지 그들의 폐단은 이루 말할 수가 없다. 어느 방면으로 보든지 자기 동포에게 이익을 준 것이 10이라면, 자기 동포에게 해를 끼친 경우는 100에 이른다고 할 수 있다. 그들이 배운 것은 러시아어뿐, 본 것은 러시아 풍

한인 공사장의 감독

러시아인들의 캐디로 일하는 조선 소년들

속뿐, 아는 것은 사사로운 이익뿐, 그런 까닭에 조국 문명을 경시하고, 또 조국 동포를 초개로 여기는 일이 많았다. 러시아어를 모르는 노동자들은 청부인들의 불공정한 행태를 알면서도 항의하지 못하는 상황이었다.

그러나 러시아어를 자유자재로 쓸 수 있었던 최재형은 통역원으로 일하면서 한인들의 권익 보호에 앞장섰다. 도로 공사의 청부업자와 한인 노동자들 간에 충돌이 발생하면 최재형은 항상 한인 노동자들의 입장에서 해결해 주었다. 이에 한인들은 모두 최재형의 인간성과 동포애를 존경하게 되었다. 최재형은 도로 건설 등 많은 분야에서 10여 년 동안 통역 일을 하면서 한인들의 신임을 얻게 되었다. 한인들은 최재형의 이름인 '최 표트르'의 애칭인 '최 페트카'를 부르기 쉽게 '최 비지캐'라고 불렀다고 한다. 최재형은 한인 노동자들의 입에서 입으로, 한인 사회에 널리 알려지게 되었다.

　러시아 정부는 최재형에게 300여 명의 노동자를 할당해 주면서 얀치혜에서 멍고개까지 도로 공사의 책임자로 임명한다. 그 결과 한인들은 최재형이 맡은 도로 공사에서 성심성의껏 일을 했고 도로 공사는 성공리에 마무리되었다. 1888년 러시아의 니콜라이 2세는 도로 건설의 성공을 치하하며 최재형에게 은급훈장을 수여했다. 이 훈장은 최재형이 러시아 정부로부터 받은 수많은 훈장 가운에 첫 번째 훈장이 되었다.

　이 무렵 러시아의 행정 제도도 변화를 맞았는데, 1884년에 한·러 수교 후에는 행정 구역을 개편하여 읍을 신설했다. 이때 한인들이 많이 살고 있는 얀치혜를 읍으로 승격시켰다.

　한편 한인들의 등급도 차등을 두었는데, 최재형처럼 1884년 이전에 이주한 사람들에게는 가족당 토지를 할당해 주고 러시아 농민과 동일하게 금전이나 현물로 납세할 수 있게 했다. 그 이후에 이주한 사람들은 러시아에 계속 거주하기를 희망하는 사람들에게 2년간 기한을 주고 매년 비자를 발급받도록 했다. 마지막 세 번째 그룹은 변두리에서 임시로 거주하는 한인들로서, 러시아에 정착할 자격은 갖지 못했지만 매년 세금을 내고 비자를 발급받아야 했다.

이러한 상황에서 최재형은 일찍 러시아에 들어갔으므로 귀화가 허락되어 군인과 공무원에 등용될 수 있는 특전과 토지를 무상으로 분배받을 수 있는 권한을 부여받았다. 최재형과 같은 사람들이 모여 사는 동네를 원호촌이라고 했다.

그러나 귀화하지 않은 한인들은 살기가 어려워 러시아 국적을 얻으려고 각종 방법을 이용하여 러시아 측과 교섭하는 사람들이 많았다. 이때 남도소의 서기와 통사로 일을 하던 최재형은 외국인 신분을 가진 한인 이민자들을 러시아 국적에 편입시키는 것이 주요 임무였다.

1898년 새로 온 총독도 이전 총독의 정책을 계승하여 최재형처럼 첫 번째 그룹에 속하는 사람들 중 제외된 사람들을 러시아에 입적을 허용했고, 두 번째 그룹에 있던 한인들에게는 5년 이상 변두리에 거주한 사람들에게 입적을 허용했다. 그리고 세 번째 부류인 한인들에게는 이만, 호르, 키, 아무르 강변에 정착할 수 있도록 허락하였다.

러시아에서는 1895년 얀치혜 지역에 한인 마을이 점점 많이 형성됨에 따라 얀치혜 마을을 중심으로 새로운 행정 단위인 군을 설치하고 얀치혜 남도소라고 명명하였다.

얀치혜 남도소는 러시아 관원의 인허가 아래서 이루어진 한인 자치기관이었다. 도소에는 서양식 사무실인 도소실을 건축하여 러시아인의 인허가를 받은 책임자를 도헌(군수)이나 사장을 두어 각 마을에 있는 한인들을 관리하고 모든 세금을 수납하는 일을 담당하도록 했다. 최재형은 1893년 러시아 지방 당국으로부터 바로 얀치혜 남도소의 책임자로 임명을 받았다. 노비 출신의 최재형이 33세에 얀치혜 군수가 된 것이다.

참고 도서
박환 교수 저 《시베리아 한인민족운동의 대부 최재형》

9

얀치혜 도헌(군수)으로 거듭나다

최재형은 1895년부터 13년 동안 얀치혜 남도소의 도헌(군수)으로 일을 하게 된다. 노비의 아들로 태어나 낯선 땅에서 그야말로 출세를 하게 된 것이다. 러시아 정부에서는 도헌이 된 최재형에게 두 번째 은급훈장을 수여한다.

바로 이때 조선에서는 일본의 낭인들에 의해 명성황후가 시해된다. 친일 내각을 타도하려는 친러파 이범진은 서울 주재 러시아 공사인 베베르와 함께 고종을 러시아 공사관으로 피신시킨다. 이른바 아관파천을 단행한 것이다. 이후 고종은 약 1년간 러시아 공사관에 머무르면서 러시아 군대의 보호를 받게 된다. 조선의 국왕이 러시

고종 황제

아 관할권에 들어가게 되면서 연해주 지역에 살고 있는 한인들이 주목을 받기 시작한다. 그 결과 러시아 얀치혜와 추풍 일대에 살고 있던 한인 청년 52명이 통역관에 임명되어 높은 임금을 받게 되었다. 그중에 대표적인 인물이 김홍륙인데, 그는 러시아 추풍 지역에 살던 사람으로, 러시아 대사관의 통역을 담당했고 고종의 은총을 받아 학부대신으로 임명되었다. 그 외에도 김도일, 유진률, 홍병일, 채현식, 김승국, 김인수, 김낙훈, 황두진 등은 모두 조선의 중앙에 진출하여 높은 벼슬을 받았고 조상까지 벼슬을 받게 되었다. 그때부터 추풍과 얀치혜 일대에는 참봉, 주사, 의관, 참서관, 통정 등 한국의 벼슬을 가진 사람들이 많이 생겨났다.

이렇게 러시아어에 능통한 인물들이 조선 궁궐의 부름을 받을 때 최재형에게도 제안이 왔다. 그 당시 최재형만큼 모든 면에서 거의 완벽한 통역을 하는 사람이 없었다는 것은 앞뒤 정황을 따져 보면 알 수 있다. 그러나 얀치혜 도헌에 막 임명되었던 최재형은 몇 번에 걸친 고종의 부름에 응하지 않고 그대로 도헌에 충실했다.

박환 교수 저서 《시베리아 한인민족운동의 대부 최재형》에는 최재형이 순국한 후 다음과 같은 신문 기사 내용이 실려 있다.

리태왕 전하께서 을미년에 로국영사관으로 파천하신 후 널리 노만 국경에 정통한 인재를 기르실 제 최 씨가 뽑히어서 하루빨리 귀국하여 국사를 도우라는 조서가 수차례나 내려왔으나 무슨 생각이 있었던지 굳게 움직이지 아니하였으며 (.....)
– 《동아일보》1920년 5월 2일 자

명성황후 시해 사건 이후 일본군의 무자비한 공격에 신변 위협을 느낀 고종이
러시아 군대의 보호를 받으며 약 1년간 머무른 러시아 공사관 건물

일본 낭인에 의해 명성황후가 살해된 건청궁

1896년 5월 13일 페테르부르크, 최재형이 한인 대표로 참가한 니콜라이 2세 대관식

위의 기사를 보면 한 번이 아니라 여러 번에 걸쳐 리태왕 전하의 부름을 받은 것을 알 수 있다. 리태왕 전하는 당시 고종 황제였으니, 당시의 정황을 정확히 알 수 있다.

보통 사람들의 정서로 비추어 보면 조선에서 호적도 갖지 못한 노비의 아들인 최재형이 몇 번에 걸친 고종의 부름에 응한다면 대단한 벼슬을 거머쥐게 되는 절호의 기회였다. 그뿐만 아니라 노비의 아들로 하루아침에 신분을 뛰어넘을 수 있는 최고의 순간이었을 것이다. 설사 노비 출신이 아닌 양반의 신분이라도 조선의 황제가 부르는데 어디 쉽게 거절할 수 있었을까. 그러나 최재형은 고종의 부름에 응하지 않는다.

최재형은 이듬해, 제1차 전 러시아 읍장 대회에 참석하기 위해 상트페테르부르크에 가서 알렉산더 3세의 연설을 듣게 된다.

최재형은 러시아 전체에서 한인을 대표하는 첫 번째 공식 행사에 참가한 것이다. 그 후에도 1896년 5월 13일, 최재형은 페테르부르크에서 개최되는 니콜라이 2세 대관식에 한인 대표로 참가하여 황제가 직접 하사하는 예복을 받게 된다. 이러한 영광은 러시아에 살고 있는 한인으로서 최고로 영예로운 일이었다. 이때 최재형은 또 러시아 황제로부터 훈장을 받게 되는데, 이처럼 최재형은 러시아 정부로부터 두터운 신임을 받게 되고 한인 사회에서는 점점 신망과 존경심이 높아졌다.

최재형은 도헌의 자리에서 공무를 보면서 한인 교육의 필요성을 느끼고 교육 사업에 박차를 가하게 된다. 이 무렵 러시아에서는 각 지방에서 학교를 건립하여 재러 한인 동포들에게 러시아화 정책을 펴게 되는데, 그 첫 번째 시도가 한인들에게 러시아 교육을 하는 일이었다. 그러나 한인들은 이주 초기에는 이러한 러시아의 정책을 쉽게 받아들이지 않고, 한문 교육을 하거나 학교에 보내는 대신 일을 더 중요시했다.

최재형이 도헌이 된 후에도 한인들의 교육관은 크게 달라지지 않았다. 그러나 최재형은 러시아 정교회학교의 초기 학생으로 교육을 받았기 때문에 러시아식 생활 방식에 밝았고 러시아에서 살아가려면 러시아 교육이 필수라는 사실을 절감했다. 따라서 최재형은 한인 동포들에게 러시아 교육의 필요성을 역설했다.

⟨ 10 ⟩
32개 한인 학교를 세운 교육가

박환 교수 저서 《시베리아 한인민족운동의 대부 최재형》에 들어 있는 독립신문 1920년 5월 15일 자 〈최재형 약력〉을 보면 다음과 같이 기술되어 있다.

> 아령에 있는 한인의 교육은 처음 최재형 씨의 편달을 받아 일어난 것이요, 최재형 씨가 거주하는 얀치혜는 아령의 한인 거주지 중에서 제일 먼저 러시아 교육을 받았다.

이렇게 최재형이 재러 한인 교육을 처음으로 강조하며 한인 교육을 일으킨 장본인이라고 밝히고 있다.

얀치혜 지역에 한인이 이주하기 시작한 해는 최재형이 태어나던 1860년대부터인데, 처음에는 열악한 경제 사정으로 교육은 생각할 겨를도 없을 만큼 생계가 어려웠다. 러시아 지방 당국은 1883년에 얀치혜 지역에 러시아어 학교를 설립하고 한인 자녀들을 교육하기 시작했다. 그러나 러시아화 교육은 효과적으로 이루어지지 못했다. 실제로 학령기가 된 아이들을 모집할 때, 한인들은 긍정적으로 받아들이기보다 이를 꺼리거나 학교에 보내지 않았다. 심지어 자기 자식들을 러시아 학교에 보내기를 꺼려서 남의 아이를 대신 보내는 일도 있었다고 한다.

최재형이 도헌에 취임하기 전인 1891년, 최재형은 얀치혜에 정교회 학교를 설립했는데, 니콜라예프스코예 소학교라고 불린 이 학교는 한인 마을에 세워진 대표적인 러시아식 한인 학교였다. 최재형은 이 학교의 가난한 학생들을 위하여 2,000루블을 후원했다.

얀치혜 한인들 중에 니콜라예프스코예 소학교를 졸업한 많은 학생은 상급 학교에 진학했다. 최재형은 이들이 상급 학교에 진학할 수 있도록 장학금을 주었는데, 장학금을 받고 사범학교에서 공부한 졸업생들은 후에 니콜라예프스코예 모교에 돌아와 교사로 활동했다. 또 다른 학생들은 사범학교를 졸업하고 러시아군 장교로서 러시아 사회에 공헌하기도 했다.

1893년 도헌에 임명된 직후 최재형은 향산사에 러시아 정교회와 학교를 설립했다. 또 얀치혜에 우신학교를 설립하고 교장이 되어 도헌 생활을 하면서 학교도 운영했다.

러시아 정부는 이러한 최재형의 공로를 인정하여 1902년 교회헌당식이 거행되었을 때 최재형에게 금메달 훈장을 수여했다. 또한 니콜라예프스코예 소학교는 1899년 하바로프스크에서 개최된 박람회의 교육 부분에서 장려상을 받았고 연해주에 있는 학교들 중에서 최우수 소학교로 평가받았다.

고려인들이 다녔던 핫산학교

　이후에도 최재형은 계속적인 교육 사업으로 한인들이 거주하는 마을마다 정교회 교구 학교를 설립하여 1890년대 말에는 연해주 지역의 32개 한인 마을에 러시아 소학교가 설립되었다.

　또한, 최재형은 얀치혜에 6년제인 고등소학교를 설립하여 학생들의 교육에 전력했으며 고등소학교를 성공적으로 졸업한 학생들 중에 우수한 학생을 골라 블라디보스토크, 우수리스크, 블라고베셴스크, 이르쿠츠크, 톰스크 및 기타 지역에 유학을 보냈다. 최재형은 이 유학생들 중에서 가장 우수한 학생 한 명을 선발해 도헌으로 받는 3,000원의 봉급을 전부 은행에 넣어 두고, 그 이자로 매년 러시아에 유학을 보냈다고 한다. 그 결과 다수의 학생이 러시아의 모스크바나 상트페테르부르크로 떠났는데, 대표적인 인물로 한명세, 김 미하일 미하일로비치, 최

레프 페트로비치, 김 로만
이바노비치, 김 야코브 안
드레예비치이다.

　최재형의 이러한 교육
장려 활동은 한인들에게
희망의 씨앗이 되었고, 최
재형은 한인들로부터 더욱더 존경을 받게 되었다. 한인들은 최재형의
사진을 집에 걸어 놓을 정도로 그를 존경했다고 한다.

　그러나 점점 늘어나는 한인들의 교육을 최재형 혼자서 감당하기에
는 턱없이 부족했다. 그래서 최재형은 한인들과 함께 교육 기금을 만
들 필요성을 절실히 느끼고 그에 대한 대비책을 마련키로 했다.

　마침 그 무렵 러시아 극동에 많은 수의 육군과 해군이 주둔하게 된

소설 《낙동강》으로 유명한 조명희 선생이 학생들을 가르쳤던 육성촌의 농업학교 건물

최재형이 지은 학교 터에 남아 있는 벽돌들
최재형기념사업회 학술위원 신춘호 제공

다. 최재형은 이 군인들이 필요로 하는 식량, 군복, 건재 등을 공급할
목적으로 회사를 설립하여 교육 기금을 만들 생각이었다.

　이로써 최재형은 교육자에 이어 동양의 카네기라 칭할 만큼 거대한
부를 이루는 기업가의 길로 들어서게 된다.

　최재형은 이처럼 한인 마을마다 교회와 학교 건물을 지었고 학교 교
사와 정교회 사제를 위한 건물도 지었다. 최재형이 얀치혜 마을에 벽
돌로 지은 건물들은 매우 견고하고 넓었다고 전해진다. 그러나 최재형
이 세운 많은 학교는 1937년에 고려인들이 스탈린에 의해 중앙아시
아로 강제 이주를 당한 후 오랫동안 사람이 살지 않았기 때문에 건물
의 흔적조차 찾을 수 없다.

　필자가 2012년 우수리스크를 방문했을 때 한인들이 살던 마을에
있는 학교를 방문한 일이 있다. 물론 그 학교는 당시 최재형이 지은 학
교는 아니었지만, 교장실 옆에 조촐하게 고려인 박물관을 만들어 당시
고려인들이 쓰던 농기구와 생활 집기들을 전시해 놓고 있었다.

그 후 2019년 필자가 MBC 다큐 팀과 함께 촬영을 위해 추카노보 마을(구 얀치혜)에 갔을 때 마을 사람들의 안내로 당시 학교 터를 찾아 갔다. 무성한 수풀 속에 빨간 벽돌이 수없이 널브러져 있었고 학교 건물의 기단도 그대로 보존되어 있어서 흥분을 감추지 못했다.

< 11 >

세계를 돌며 쌓은 견문으로
한인 마을에 유럽 문화 접목

유럽의 아름다운 정원과 상트페테르부르크의 환상적인 모습에 감동한 최재형은 한인 마을에 최초로 정원과 공원을 만들고 유실수를 심고 가꾸며 한인들에게 사업을 권장했다.

최재형은 교육의 중요성을 깨닫고 한인 마을마다 무려 32개의 학교를 세웠고 얀치혜에 세운 우신학교는 교장을 맡아 직접 학교를 운영했다.

최재형은 그 후에도 중등학교를 세워 한인들의 교육 사업을 더 넓히기 위해 기금 마련의 방편으로 기업에 눈을 돌렸다.

당시 러시아 정부는 극동의 방위력을 증강하기 위해 군대를 파견하였고 군인들이 지낼 막사를 짓는 등 다양한 건축 사업들이 활발하게 시작되었다. 최재형은 육군과 해군에 무엇이 필요한지 판단하고 도헌의 자리에서 맺은 인맥을 동원해 러시아 당국의 깊은 신뢰를 바탕으로 군인들을 위한 식량, 군복, 건재 등을 공급하는 군납 회사를 차렸다. 회사는 금세 번창했다. 교육 기금을 마련하려던 최재형의 계획은 성공을

최재형 선생이 문화 휴식 공간을 만들었던 슬라비얀카 해변 마을

거두었다.

최재형은 군납업을 통해 벌어들인 돈으로 얀치혜에 6년제 중학교를 설립했다. 최재형은 중학교를 졸업한 학생들을 중부 지역의 교육 기관에 보내 계속 공부를 할 수 있도록 장학금을 대 주었다. 학생들은 공부를 마치고 한인 사회를 이끄는 지도자로 성장해 갔다.

대부분의 한인들은 가난에서 벗어나고자 고향을 등진 사람들이라 날마다 일벌레처럼 땅을 파고 농사를 짓는 일을 천직으로 알았다. 비록 낯선 땅이었지만 일을 하고 땀을 쏟는 만큼 수익이 생겼다. 한인들은 수익이 생기면 더 넓은 땅을 일구고 땅을 넓히는 일에 몰두했다.

그러나 최재형은 6년간의 항해를 통해 다양하게 사는 외부 세계를 경험한 사람이라 생각의 차원이 달랐다. 최재형은 한인 마을에 유실수와 관상목을 심어 마을을 아름답게 꾸미는 데 힘을 쏟았다. 1884년에는 자신의 집도 서양식으로 개조하고 한국인으로는 처음으로 집에 정원을 만들어 집 안팎을 아름답게 꾸몄다. 더 나아가 마을에 공원을 만들었는데 최초의 공원이 노우키예프스크 공원이었고, 두 번째 공원이 니콜리스크의 공원이었다.

1916년에는 슬라비얀카가 따뜻하고 온화한 기후의 위도에 있다는 것을 참고해서 해변 마을에 문화 휴식 공간도 만들었다. 최재형은 또 포시에트 촌이 크림반도와 같은 위도라는 것을 파악하고 크림반도에서 장미과 식물을 들여와 마을에 심도록 했다. 당시 여름이면 슬라비얀카 항구에 러시아 군함들이 정박하곤 했는데 해군 장교들은 딸기와 장미과 열매를 많이 샀다고 한다.

최재형은 한인들에게 높은 수익을 올리기 위해 가축과 가금류들을 사육하도록 장려했다. 한인들은 최재형의 지도를 받고 소, 닭, 돼지 등 가축들을 기르기 시작했다. 최재형은 가축의 개량 사업에도 관심이 높았다. 재래종은 크기도 작고 우유를 생산할 수 없었다. 극동 지역에 주둔하고 있는 러시아 군인들이 고기와 우유를 많이 소비하기 때문에 항상 부족한 형편이었다. 이에 최재형은 소의 종축개량에 주목하여 무게가 많이 나가고 우유를 많이 생산하는 소를 길러 내면 좋겠다고 판단했다. 한인들은 최재형의 초상화를 걸어 놓을 정도로 그를 존경했기 때문에 최재형이 시키는 대로 잘 따랐다. 최재형은 한인들에게도 러시아인들에게도 그만큼 신망이 높았기 때문이었다. 한인들은 최재형의 말을 듣고 중국이나 조선에서 송아지나 비쩍 마른 가축들을 싼값에 들여와 풍성한 목초지에서 살을 찌워 팔았다. 자연히 이득을 많이 얻었다.

비숍 여사의 《조선과 그 이웃 나라들》에는 당시 조선인들의 활약을 아래와 같이 묘사했다.

고기를 잡는 한인들

이상설 유허비가 내려다보이는 수이푼 강
(한인들이 이곳에서 연어를 잡았을 것으로 추정된다.)

포시에트 만은 크고 멋진 막사였다. 여기에 시민은 없는 것 같았다. 그러나 그 크지 않은 거리에도 한인 정착민들이 있었다. 이 한인들이 블라디보스토크에 공급되는 육류의 대부분을 책임지고 있었다. 강인하고 건강해 보이는 수많은 한인을 만났는데 그들은 60여 마리의 살찐 가축들을 증기선이 있는 항구로 몰고 가고 있었다.

위의 글에 나타난 것처럼 한인들은 비쩍 마른 소를 중국에서 사다가 살을 찌워 군인들에게 팔았다. 한인들의 삶을 윤택하게 하는 방법을 알려 주는 최재형이 한인들은 당연히 고마웠을 것이다.

그뿐만이 아니었다. 최재형은 어업에도 신경을 써서 한인들이 계절 어업을 하도록 권장했다. 봄이 되면 연어들이 무리를 지어 태평양에서 연해주 강으로 거슬러 올라왔다. 최재형은 러시아 군인들이 빵과 함께 연어 알을 주요 식품으로 애용하는 것을 알고 한인들에게 연어가 올라오는 봄철에 맞춰 마을마다 팀을 이루어 강어귀에 그물을 치게 했다. 산란을 위해 상류로 올라오는 연어들은 잡아도 잡아도 계속 올라왔고 한인들은 연어 알로 높은 수익을 올릴 수 있었다. 이렇듯 연해주에서는 농사를 짓던 농민들도 계절에 맞춰 약 보름 남짓한 기간에 협동 어업을 하며 고수익을 올렸다.

1890년대에는 최재형도 육류 판매업을 직접 하게 되는데 이 사업은 최재형에게 큰 부를 안겨 주었다.

참고 도서
박환 교수 저 《시베리아 한인민족운동의 대부 최재형》

12

거부가 된 동양의 카네기 항일의병투쟁을 지원하다

1899년 11월 2일부터 1901년 9월 7일까지 청나라에서는 의화단 (義和團) 사건이 일어났다. 서양 열강들이 앞을 다투어 청국의 이권을 뜯어가자 청국의 개혁파들이 '외국인에게 죽음을(滅洋)'이란 기치를 내 걸고 외세 배척을 앞세워 폭동을 일으켰다. 의화단 사건은 외국인 선 교사를 죽이고 공장과 교회 등을 파괴한 사건으로, 폭동은 청나라 전 역으로 번져 나갔다.

의화단의 봉기가 만주까지 번지면서 동청철도가 파괴되고 철도 수 비 병력인 러시아 병사들과 충돌하자, 러시아는 7월에 만주에 파병하 고 10월에 전 만주 지역에 군사들을 보내 점령했다.

전쟁을 수행하는 군대가 이동하려면 군수품을 나르는 교통수단이 필요했다. 부지런한 한인들은 군인들에게 필요한 운수업을 시작했다. 의화단 사건 덕에 운수업은 최고의 돈벌이가 되었다. 한인들은 재산이 쑥쑥 늘어났다. 한인 중에서도 한익성과 블라디보스토크의 최봉준은 큰 재산을 모았다.

니콜라이 2세

의화단 사건에 뒤를 이어 1904년 러일전쟁이 일어났다. 한인들이 할 일은 더 많아졌다. 특히 최재형은 군대에 물품을 납품해서 굉장한 부를 이루었다.

최재형은 니콜라이 2세의 대관식에 재러 한인 대표로 다녀온 후 탄탄한 인맥을 통하여 안치혜 군대의 어용 상인으로 군부대에 소고기를 납품했다. 그 사업은 최재형에게 엄청난 부를 안겨 주었다.

최재형은 돈을 벌어 한인들의 편의와 포시에트 지역의 상업 발전을 위해 많은 공헌을 했다. 최재형이 당시에 큰돈을 벌어서 유치한 회사

러시아 마지막 황제 니콜라이 2세가 블라디보스토크를 방문한 기념으로 세운 개선문

최재형 선생이 큰돈을 벌어 유치한 쿤스트 앤드 알베르스 회사 건물

는 추린, 쿤스트 앤드 알베르스, 피얀코프, 마르코프 등 규모가 큰 회사로 그 이름이 지금까지 남아 있고, 특히 블라디보스토크에 있는 쿤스트 앤드 알베르스 회사 건물은 지금도 화려하고 장엄한 유럽식 건물로 그 위용을 간직한 채 보존되어 있다.

최재형이 큰돈을 벌 수 있었던 것은 여러 사람의 도움이 있었다. 그 중에서 한 바실리 루키츠, 한 엘리세이 구키츠 형제, 김 표트르 니콜라예비치, 최 니콜라이 루키츠 등의 도움이 컸다고 한다.

그러나 최재형과 함께 함경북도에서 러시아로 이주해 온 최봉준은 최재형보다 두 살이 많았는데, 직접 배를 가지고 일본과 무역을 한 사람으로 조선 최고의 무역 왕이라 할 만한 인물이었다. 어마어마한 부를 이룬 최봉준은 나중에 최재형과 등을 돌리는 사건이 발생하게 되어

서로 사이가 멀어지게 된다.

최봉준은 어떤 인물인가.

수원대 사학과 박환 교수는 최봉준의 삶을 아래와 같이 정리했다.

최봉준은 러시아에서 펴낸 최초 한글 신문인 《해조신문》의 1908
년 2월 창간호에서 '우리의 문명 제도를 본받아 가던 일본에 보호
라고 하는 더러운 칭호를 받으니'라고 분개하며 을사보호조약(을사
늑약)에 대한 비판의 목소리를 드높였다. 또한, 성진 신평의 학교 교
장은 물론 연해주 명동학교, 크라스키노(연추) 성흥의숙 설립 등 최
재형처럼 교육 사업에도 적극적으로 나섰다. 그는 계몽운동가답게
안창호와 가깝게 교류하며 편지를 주고받았다.

이 밖에 최봉준은 한때 《대동공보(大東共報)》의 운영 자금을 맡았고,
안중근 의사의 하얼빈역 의거 후에는 그의 변호비와 유족의 생계비를
위하여 많은 금액을 전달했다. 1910년 8월, 국권이 상실될 위기에 처
하자 이상설, 유인석, 김학만 등이 시베리아 신한촌에서 한인들을 규
합하여 조직한 성명회의 선언서 작업을 함께했다.

그러나 최봉준은 최재형과 달리 의병들의 항일무장투쟁에는 반대
견해를 가졌던 것으로 알려졌다. 러시아 크라스키노 지역 자산가이자
독립운동의 대부였던 최재형과 함께 활동해 왔지만, 1909년 최재형
이 국내진공작전을 준비하며 무장투쟁을 하기 위해 최봉준에게 원조
를 요구하자, 최봉준은 이를 거절했다. 그러한 이유로 최재형과 최봉
준이 갈라선 것으로 확인됐다. 학계 일각에서도 최봉준의 친일 행적을

증거로 삼는 사례가 되기도 했지만, 친일이라기보다는 보수적인 계몽주의자 최봉준의 한계였다는 것이 일반적인 평가다. 대한민국 정부에서도 최봉준에게는 공훈을 늦게 해서 1996년 건국훈장 독립장이 추서됐다.

위에서 밝힌 박환 교수 저 글에서 보는 것처럼 최봉준은 항일무장투쟁이 자신의 사업에 지장을 준다는 이유로 반대했다고 밝히고 있으나 그의 입장을 고려해 볼 수 있다. 최봉준은 의병들이 일본을 상대로 항일투쟁을 하게 되면 무역을 하는 자신의 배들이 일본에 마음대로 왕래할 수 없게 되고, 그렇게 되면 사업에 막대한 지장을 초래한다는 점 때문에 고민했을 것으로 보인다. 최재형은 자신의 이익보다는 항일투쟁이 먼저였다. 자신의 재산을 다 바쳐서라도 조선을 집어삼키려는 일본의 야욕에 맞서 항일투쟁을 할 수 있도록 앞장섰다. 최재형은 국내진공작전을 수행하는 대한의군에 무기를 제공하고 의식주를 지원했던 것이다.

참고 도서
박환 교수 저 《시베리아 한인민족운동의 대부 최재형》

‹ 13 ›
러일전쟁의 배경과 일본의 야심 /
영일동맹과 발틱함대의 몰락

최재형은 러일전쟁에 참가했다. 그러나 최재형도 일본이 승리하리라고는 상상도 못 했다. 최재형은 러일전쟁을 통해 일본의 야심을 제대로 파악하게 되었다.

19세기 말, 러시아는 실질적으로 만주에 동청철도를 건설하여 한반도 쪽으로 남하하고 있었고, 한국의 마산을 조차지로 만들기 위해 한국 정부에 정치적 영향력을 행사하기 시작했다. 일본은 반대로 북진(北進)을 추진하면서, 한국 점령을 시작으로 만주까지 진출하려는 야심을 품고 있었다.

일본은 청일전쟁의 승리로 한국에서 청의 세력을 축출하고 독자적으로 개입하고 싶었지만, 러시아의 도전이 예상되어 긴장하고 있었다. 이러한 상황에서 일본은 '만주는 러시아가 차지하고, 한국은 일본이 점령한다.'라는 기본 입장을 러시아에 표명하였다.

일본 정부는 1903년 8월 이후, 만주 문제와 한국 문제의 해결을 위

해 러시아와 협상을 계속했다. 그러나 러시아는 일본이 한국에서의 정치적, 군사적 우월권을 갖는 것을 인정하지 않았다. 일본의 의도가 러시아에 의해 방해를 받고 있다고 판단한 일본 정부는 1904년 2월, 러시아와 전쟁을 감행했다. 일본 해군은 뤼순을 공격하고 육군은 인천 상륙을 통해 서울을 무력으로 점령했다. 선제 기습 공격을 가한 후에 선전 포고를 하는 야비한 방식이었다. 뒤이어 일본은 청일전쟁 때처럼 먼저 한국의 정치 중추부를 무력으로 제압한 다음 강제적인 동맹 관계를 통해 한국 정부를 전쟁에 끌어들였다.

러일전쟁은 일본에 있어 국가의 명운을 건 운명적인 싸움이었다. 세계 최강의 육군 대국으로 불리는 러시아를 상대로 일본이 승리를 거두리라고 예상하는 국가는 거의 없었다. 일본은 당초부터 무척 힘든 전쟁이 될 것이라 예상하였고, 엄청난 전비가 필요하다는 사실도 인식하고 있었다.

이로 인해 일본은 미국과 동맹국인 영국에서 외국채를 모집하여 전쟁에 대비하였고, 또 개전 초기에 이미 가네코 겐타로(金子堅太郎)를 미국에 파견해 시어도어 루스벨트 대통령에게 강화의 중재를 타진해 놓고 있었다.

러시아는 당시 국내 반전 운동 등의 영향으로 충분히 전력을 발휘하지 못했다. 전쟁은 일본이 의도한 대로 일본에 유리하게 전개되었다. 일본 육군은 개전 약 11개월 만에 3개 사단 병력의 손실을 감수하면서 뤼순을 공략하는 데 성공하였고, 더불어 뤼순의 러시아 태평양 함대를 제압할 수 있었다. 이어서 1905년 3월, 일본은 남만주에서 승기를 잡는 데 성공하였다. 또 5월에 일본 해군은 도고 헤이하치로(東鄕平八郎)가 지휘하는 연합 함대가 유럽에서부터 지구의 반을 돌아온 러시아의 발틱함대를 맞이하여 전멸시킴으로써 사실상 승리를 거두었다 (일본에서는 일본해 해전이라고 부르며, 현해탄을 지나 부산과 울산 사이의 동해안에서 전투가 벌어졌다).

필자가 쓴 《독립운동가 최재형》에서 필자는 영일동맹과 러일전쟁 부분을 이렇게 썼다.

영국을 긴장시킨 사건은 시베리아 횡단 철도의 완성이었다. 러시아의 서쪽 끝 상트페테르부르크에서 동쪽 끝 블라디보스토크까지 시베리아 횡단 철도를 이용하면 뱃길로 지구 반 바퀴를 도는 거리와 시간을 일주일로 단축할 수 있었다. 시베리아 횡단 철도는 러시아

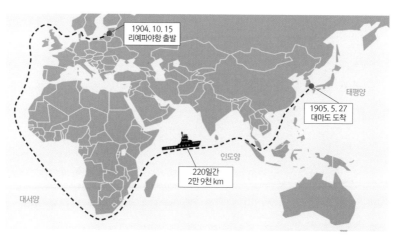

세계 최강 러시아 발틱함대 항로

일본 해군의 공격에 힘 한번 제대로 써 보지 못하고 대한해협에서 침몰하는 러시아 발틱함대

의 대동맥 역할을 하게 되었고 러시아가 동북아시아의 새로운 세력으로 성장하자, 영국은 이를 두려워해 일본과 영일동맹을 맺어 러시아를 견제한 것이다.

이러한 사정으로 당시 유럽이나 러시아에서 이름만 들어도 벌벌 떨던 발틱함대가 결국 영일동맹의 영향으로 일본의 함포에 여지없이 무너지게 되었다.

필자가 쓴 같은 책《독립운동가 최재형》에서 발틱함대 부분을 살펴보자.

발틱함대는 러시아의 표트르 대제가 만든 함대로 세계 최강의 함대였다. 발틱함대의 행로는 대서양에서 수에즈 운하를 통과해 인도양으로 빠져나와 빠르게 대한해협에 도착하여 일본 함대를 단숨에 무찌를 생각이었다. 그러나 엎친 데 덮친 격으로 발틱함대는 영국의 코앞에서 고기잡이 어선을 군함으로 오인하여 공격하고 말았다. 가뜩이나 사이가 좋지 않던 영국과 러시아는 적대적인 관계로 급속하게 나빠졌고 당시 수에즈 운하를 관할하던 영국은 러시아의 발틱함대가 수에즈 운하를 통과할 수 없게 막았다.
결국 전투함과 보급함, 병원선 등 38척이나 되는 발틱함대는 남아프리카의 희망봉을 돌아 인도양을 거쳐야 했다. 동남아를 거쳐 대한해협까지 오는 동안에도 영국의 식민지인 나라에는 상륙 허가를 받지 못했다. 또한, 식량이나 유류 보급도 받지 못한 채 약 6개월에 걸친 기나긴 항해로 모두 지쳐 버렸다. 결국 1905년 5월 26일에야 대한해협에 당도했지만, 이때의 발틱함대는 러시아를 떠날 때의 위용은 간데없고 마치 비에 젖은 가랑잎 같았다.

이렇듯 러일전쟁에서 영국과 일본이 맺은 영일동맹의 결과는 일본에는 승리를, 러시아에는 패배를 안겨 주었다.

참고 도서
문영숙 저 《독립운동가 최재형》

〈 14 〉
러일전쟁 후 일본에 머물며
동북아 정세 파악, 일본의 야욕 간파

    최재형은 러일전쟁에서 일본이 승리하리라고는 예상치 못한 것으로 보인다. 러일전쟁이 끝나자마자 일본에 있는 박영효가 최재형을 일본으로 불렀다. 박영효는 누구인가? 박영효는 1861년 6월 12일 경기도 수원에서 출생했고 최재형보다 한 살 아래였다. 박영효는 1872년 2월, 철종의 딸 영혜옹주와 결혼하여 부마가 되었으나, 3개월 만에 영혜옹주가 병으로 죽었다. 박영효는 1882년 임오군란이 일어나자 군란을 수습하기 위해 특명전권대신(特命全權大臣) 겸, 제3차 수신사(修信使)로 임명받아 배를 타고 일본으로 갔다. 박영효는 그 배에서 나라마다 국가를 대표하는 국기가 있다는 사실을 알고 배 위에서 태극사괘(太極四卦)의 태극기를 제정하여 일본에 도착한 직후부터 사용하였다는 설이 있다.

    일본에서 신문물을 접한 박영효는 1884년 12월 스물세 살의 나이에 김옥균, 서광범과 함께 개화당을 만들어 갑신정변(甲申政變)을 일으켰다. 갑신정변의 발상지는 우정국이었다. 현재 안국동에 있는 우정국

건물은 체신박물관으로 사
용되고 있다.

갑신정변은 친일 세력
을 업고 청나라 세력을 숙
청하려 했다. 박영효는 좌
포도대장직을 맡아 병권을
장악했으나, 청나라 군대의
즉각적인 개입에 정변은

갑신정변의 주역 (박영효, 서광범, 서재필, 김옥균)

삼일천하(三日天下)로 실패하고 말았다. 박영효는 그 후 일본으로 망명
했다.

1885년 미국으로 건너갔으나 그곳 생활에 적응하지 못하고 일본으
로 되돌아왔다.

박영효는 일본에서 10년간 은둔 생활을 하면서 메이지 학원 영어과
를 졸업하고 갑오개혁 때 귀국하였다. 그러나 명성황후 시해를 기도했
다는 음모로 다시 일본으로 망명해 12년간을 일본에서 보냈다. 박영
효는 망명 생활을 하면서 러일전쟁을 지켜보았고 러시아 연해주의 재
력가 최재형이 있다는 사실을 알았을 것이다. 당시 44세였던 박영효
는 일본의 야심을 간파하고 최재형을 통해서 러시아의 사정을 알아보
고 싶었을 것이다. 그렇기 때문에 박영효는 러일전쟁이 끝나자마자 최
재형을 일본으로 불렀던 것이다.

최재형은 박영효의 초청을 두 번이나 사양하고 세 번째 초청에 응해
일본으로 가서 약 6개월을 머물렀다고 한다. 최재형은 박영효로부터 발
틱함대가 일본 해군으로부터 어이없게 무너진 이유도 알게 되었다.

필자의 소설《독립운동가 최재형》에서는 박영효와 최재형이 주고받은 대화 장면을 유추해서 아래와 같이 풀어냈다.

"영국은 발틱함대가 수에즈 운하를 통과하려면 시설을 더 늘리고 공사를 새로 해야 한다며 발틱함대가 통과할 수 없도록 적당히 구실을 붙여 둘러댔어요. 실제로 발틱함대는 한두 척의 배가 아니었죠. 전투함과 보급함, 병원선 등 38척이나 되었어요."

"그래서 전투 한번 제대로 해 보지 못하고 쉽게 무너진 거군요."

"그렇습니다. 배도 건조된 지 오래되어 낡은 데다 식량과 연료도 바닥나서 항해는 예상보다 훨씬 길고 위험했죠. 상트페테르부르크를 떠나 6개월이 지나도록 발틱함대의 선원들은 배에서 한 번도 내릴 수가 없었어요. 설상가상으로 동남아시아의 여러 나라가 영국의 식민지였고, 프랑스의 식민지였던 나라들도 영국의 눈치를 보면서 쉽게 상륙 허가를 내주지 않았던 겁니다. 그러니 연료나 식료품, 물 등을 제대로 공급받을 수 없었죠. 연료로 쓰는 석탄만 베트남 해안의 바다 위에서 겨우 공급받았어요. 승리의 여신은 여러 가지 이유로 러시아에서 떠나 있었다고 봐야 합니다."

재형은 그제야 모든 정황을 명백하게 알게 되었다.

– 중략 –

박영효가 다시 말을 이었다.

"일본 해군은 철저하게 작전을 준비했어요. 군함 80여 척을 이끌고 발틱함대의 길목을 지키고 있었죠. 발틱함대는 겨우 4일 만에 일본 해군에 완전히 함락된 겁니다."

재형은 박영효와 동북아 정세에 관해 많은 의견을 주고받았다. 박영효는 일본이 이미 아시아의 호랑이로 변했다고 말했다. 재형은 박영효의 두 손을 잡고 굳은 표정으로 말했다.

"조국의 운명이 그야말로 풍전등화 같군요. 저도 돌아가서 조국의 앞날을 위해 더욱 힘껏 뛰어야겠습니다. 러시아도 일본에 패하고 나서 사정이 좋지 않습니다. 이럴 때일수록 한인들의 애국심을 더 강하게 하는 일이 필요하겠습니다."

"그래야지요. 우리 서로 조국을 위해 최선을 다합시다."

재형은 박영효와 이야기를 나눈 후부터 가슴이 점점 뜨거워졌다. 앞으로 일본이 조선을 어떻게든 요리할 거라는 생각이 들었다. 재형은 서둘러 얀치혜로 돌아왔다.

　－ 하략 －

－ 필자의 소설《독립운동가 최재형》에서 발췌

최재형과 박영효가 대한제국의 앞날을 걱정했던 대로 일본은 같은 해 1905년 11월 대한제국의 외교권을 빼앗은 을사늑약을 강제로 맺었다.

참고 도서
박환 교수 저《시베리아 한인민족운동의 대부 최재형》
문영숙 저《독립운동가 최재형》

을사늑약 체결 당시 모습

을사늑약이 체결된 장소인 덕수궁 중명전

< 15 >
신분 격차 실감하면서도 조선 국왕의
대리인 이범윤 적극 후원

최재형과 함께 연해주 최초의 독립 단체인 '동의회'를 조직한 중요한 인물이 있었다. 바로 간도관리사로 있던 이범윤이었다. 간도라는 말이 나오면 자동으로 따라붙는 이름이 바로 이범윤이다. 국립묘지에 묘가 있지만, 일제의 감시가 심해 유해는 몰래 화장했기 때문에 허묘라고 한다.

이범윤은 러시아 공사 이범진과 같은 항렬로, 이범진의 동생뻘이었다. 이범윤은 자기 휘하 부대 사포대원 500여 명을 이끌고 러일전쟁에 참가했다.

러일전쟁이 끝난 후 이범윤 부대는 1905년 청나라의 강력한 철수 요구를 받은 고종으로부터 소환 명령을 받았다. 이범윤은 일본이 간도를 점령하자 고종의 소환에 응하지

간도와 연해주

연해주 일대에서 독립운동을 펼친
애국지사 이범윤

이범윤의 묘지

않고 1905년 11월 초에 함경도 무산, 회령, 종성, 온성, 경원 등지를 경유하여 훈춘에 잠시 머물렀다가 1906년 초 다시 청나라의 퇴각 요구로 부하들을 이끌고 얀치혜로 가서 정착하게 되었다.

그 후 이범윤은 만주군 총사령관이었던 리네비치 장군을 찾아가서 러일전쟁에서 공로를 세운 대가로 약 200 - 500명으로 추정되는 군인과 가족을 포함한 약 1,000명의 한인에게 토지를 분배해 줄 것과 무상으로 거주권을 발급해 줄 것을 요청했다. 그러나 일본과의 외교적인 마찰을 우려한 러시아 당국은 이범윤의 요청을 호의적으로 받아들이지 않았다.

이범윤은 당시 얀치혜 도헌(군수)으로 있던 최재형을 찾아갔다.

당시의 일본 측 보고서를 살펴보면 아래와 같다.

최재형은 일찍이 러시아파라고 칭하는 이범윤이 간도관리사가 되어 마패를 가지고 부임하자 러일전쟁 이후 이를 받아들여 식객으로 삼았다.

최재형은 이범윤에게 신임장을 만들어 주었다. 신임장의 내용은 재러 한인들에게 이범윤 부하들의 의복과 식량 등을 지원해 줄 것을 요청하는 내용이었다. 최재형의 든든한 후원으로 이범윤은 연해주 각지를 순회하며 재러 동포들에게 민족의식을 고취하고 의병 부대를 조직하기 위한 군자금을 모금할 수 있었다. 재러 한인들은 자신들이 대부로 섬기고 있는 최재형의 신임을 받는 이범윤에게 많은 자금을 내놓았고 의병 모집에도 응했다. 당시 이범윤은 조선 국왕의 대리인임을 강조하면서 최재형의 적극적인 지원을 얻고자 했는데, 이범윤이 동포들에게 보낸 통문을 보면 그 정황이 잘 나타나 있다.

대황제 폐하께옵서 나를 북간도관리사로 임명하셨다. 따라서 나는 하바로프스크 순무사와 교섭하고 각 지역에 창의서라는 단체를 조직해 대한 독립을 회복할 터이니, 강동의 여러 동포는 주의하여 조국을 회복하오. 선릉도 대한 강산이요, 인종도 대한인이니 아무리 타국에서 포식한들 어찌 조국을 모르리요, 차후로 조선인 홍범도를 의병대장으로 하고, 그에게 자금과 무기를 모을 것을 지시했다. 모든 조선인은 그가 무기와 탄약을 구하는 일에 순응해야 할 것이다. 연해주 지방의 모든 조선인은 우리의 목적을 달성하기 위해 연합해야 한다. 조국을 구하는 데 큰 공을 세우는 자는 조선으로 돌아가는 대로 큰 상을 받게 될 것이다. 황인은 언제나 황인이며, 남의 나라에 아무리 오래 살아도 백인이 될 수 없다는 점을 명심하라.

단기 4201년 8월 20일 판무관 이범윤

또한, 이범윤이 연해주에서 의병 활동을 전개하고 있던 김병연에게 보낸 한글 편지가 있는데 내용은 아래와 같다.

귀하의 편지는 잘 받았습니다만 직접 만나 뵙지 못하는 점 매우 안타깝게 생각합니다. 저의 일은 예전과 다름없이 진행되고 있습니다. 창의서의 일은 어떻게 되어 가는지 전해 주십시오.

귀하의 명성은 극동 전역에 퍼져 있습니다. 대업을 조만간 완성하기 위해 저는 귀하께 큰 기대를 걸고 있습니다. 저는 이곳 하바로프스크에서 주지사와 친교를 맺고 있습니다. 아직 자세하게 밝힐 수는 없지만, 무기에 관하여 러시아 관리들과 협상을 진행하고 있습니다. 물론 비밀리에 진행하고 있습니다. 그러나 안타깝게도 저는 자금이 부족한 상태입니다. (......)

1909년 음력 9월 8일 이범윤

위의 글에 나타난 것처럼 이범윤은 조선 국왕의 대리인으로 행동하는 동시에, 하바로프스크 지사 등 고위 책임자들과의 교분을 강조하며 러시아 지역의 한인들에게 국권 회복 운동에 적극적으로 동참할 것을 요구했다. 참전하면 국내로 돌아가서 포상할 것임을 천명하고 있었다. 이처럼 이범윤이 조선 국왕의 대리인으로 행동했기 때문에 최재형도 이범윤을 예의를 갖춰 대하고 적극적으로 지지했다.

최재형은 러시아에서는 내로라하는 자산가이자 한인들의 지도자였지만, 출신 성분은 노비였기 때문에 양반은 물론 더더구나 황손인 이범윤에게 신분의 격차를 하늘과 땅처럼 느끼지 않을 수 없었다.

참고 도서
박환 교수 저 《시베리아 한인민족운동의 대부 최재형》

〈 16 〉
의병 투쟁 시기 심사숙고하는 최재형 /
고종의 헤이그 특사 파견

최재형은 이범윤과 항일 의지를 다지고 의병들을 모집했다. 한인들은 최재형이 써 준 신임장을 보고 이범윤을 적극적으로 도왔다. 한편 한·러 국경 지방에는 많은 수의 러시아 패잔병이 있었다. 이들은 러일전쟁에서 러시아가 패하자 파면되거나 해산 명령을 받았지만, 봉급도 제대로 받지 못해서 무척 어려운 상황에 처해 있었기 때문에 한인 의병을 돕거나 직접 지원하기도 했다. 러일전쟁으로 일본을 적대시하는 공감대가 한인 의병들과 통했기 때문이다. 이러한 상황에서 러시아군을 상대로 싼값에 무기를 사들일 수 있었는데, 러시아 인맥이 탄탄한 최재형이 큰 역할을 했다.

이범윤은 의병이 모이자마자 곧바로 국내진공작전을 감행하고 싶어 했다. 그러나 최재형은 국제적인 안목을 갖고 있을 뿐만 아니라 무기 구입과 군자금 모금 등 전반적으로 모든 준비가 갖춰진 다음에 하자고 이범윤을 설득했다. 최재형은 당시 한인들의 정서를 고려하여 항일 의식이 무르익을 때를 기다려야 한다고 생각했다. 따라서 국내에서 먼저 의병 활동이 전개되기를 기다렸다가 국내와 합동 작전을 수행해야 한다고 주장했다.

1905년 일제가 한국의 황제를 비롯한 각료들을 위협하여 을사늑약을 체결했다. 그러나 고종의 옥쇄가 찍히지 않은 강제 늑약이었다. 을사늑약으로 대한제국은 외교권을 박탈당했고 일본은 통감부(統監府)를 설치하여 대한제국의 실권을 하나하나 장악해 나갔다.

고종은 은밀하게 을사늑약에 반대하는 친서를 국외로 보냈다. 마침 1906년 6월 평화회의의 주창자인 러시아 황제 니콜라스 2세(Nicholas Ⅱ)가 극비리에 고종에게 제2회 만국평화회의의 초청장을 보내 왔다. 고종은 블라디보스토크에 있는 이용익에게 헤이그평화회의 참석을 지시했다.

그러나 원래 1906년에 열릴 예정이었던 제2차 평화회의가 강대국들의 사정으로 1년이나 연기되어 1907년 6월에 열리게 되었고 그동

헤이그 특사들과 고종이 이들에게 준 특사 위임장

고종의 위임장을 받고 헤이그 특사로 파견된
이준, 이상설, 이위종 선생

안 러시아의 처지가 바뀌어 버렸다.

1906년 4월 3일 자로 헤이그 주재 러시아 대사 차리코프가 네덜란드 외무성에 보낸 서한을 보면, 대한제국은 분명히 초청장을 발송한 47개국 중 12번째로 명단에 있었다.

그러나 1906년 5월 새로이 러시아 외상으로 취임한 이즈볼스키는 러시아의 동아시아 전략을 일본과 타협하는 쪽으로 반전시켰다. 그에 따라 6월 7일 주일 러시아 공사 바흐메체예프는 일본 외무대신에게 평화회의에 대한제국을 초청한 사실을 알리면서 일본 측 의사를 타진했다. 일본은 당연히 대한제국의 평화회의 참석을 반대했다.

이준과 이상설은 1907년 6월 4일 러시아에 도착하여 주러 공사 이

네덜란드 헤이그에 있는
이준 평화박물관

러시아 연해주 우수리스크 수이푼 강변에 있는
독립운동가 이상설 유허비

범진의 아들인 이위종과 합류했다.

고종은 특사단을 통해 러시아 황제에게 "대한제국은 러일전쟁 이전에 이미 중립을 선언하여 세계가 중립국임을 다 알고 있는데 (……) 일본이 1905년 11월 18일 늑약 이후 우리나라에 가한 모욕과 기만에 대해 심히 민망하던 차에, 헤이그에서 평화회의가 열린다는 말을 듣고 전(前) 의정부참찬 이상설과 평리원 판사 이준, 주러시아 공사관 참사관 이위종을 위원으로 특파하여 일본의 불법 행위를 각국 위원에게 알리고자 하니, 세계가 모두 대한제국의 고난을 알고 공법(公法)에 의거하여 공의(公議)로써 다시 대한제국의 국권을 찾을 수 있도록 도와 달라"고 친서를 보냈다.

특사단은 러시아 측 지원을 얻기 위해 15일간이나 페테르부르크에 체류하면서 교섭을 벌였지만, 결국 니콜라이 2세를 만나지 못했다. 러시아는 당시 1907년 7월 30일에 타결된 러일협약을 앞두고 있던 시점으로, 일본과 비밀 협상을 통해 몽골에서 특수 이해를 보장받는 대신 대한제국에서 일본의 자유행동을 인정하기로 합의한 만큼, 당연히 대한제국 특사단의 지원 요구를 들어줄 수 없었다.

특사단은 할 수 없이 6월 19일 페테르부르크에서 출발하여 베를린에 들러 공고사(控告詞)를 인쇄하고 평화회의가 시작된 지 열흘이나 지난 6월 25일에 헤이그에 도착했다.

이 공고사의 내용은 《만국평화회의보》뿐만 아니라 《런던 타임즈》, 《뉴욕 헤럴드》 등에도 전재되었으며 특사단 중 이위종이 7월 8일 각국 신문 기자단 국제 협회에 참석하여 행한 연설 '대한제국 특사단의 호소(L'Appel des delegues Coreens)'도 언론에 대서특필되었다.

그러나 7월 14일 만국평화회의에 들어갈 수 없어 울분을 토하던 이
준이 숙소에서 갑작스럽게 심장 마비로 순국했다.

참고 도서 및 참고 글
박환 교수 저《시베리아 한인민족운동의 대부 최재형》
[네이버 지식백과] 헤이그 특사 사건(─特使事件) (한국민족문화대백과, 한국학중앙연구원)

17

고종의 폐위와 군대 해산 /
연해주로 대거 이동하는 애국지사들

만약에 만국평화회의가 연기되지 않고 1906년 8월에 열리기만 했어도 헤이그 특사는 성과를 거둘 수 있었을지도 모른다. 그러나 평화회의 참석은 불가능했고 평화회의 의장인 러시아 대표 넬리도프 백작을 비롯하여 미국, 프랑스, 영국, 독일 등 주요국 위원들과의 면담 신청도 모두 거절당했다. 평화회의 부회장이자 네덜란드 수석 대표인 드보포르는 특사단을 방문하여 '러시아는 대한제국의 운명을 전적으로 일본에 위임했으며 대한제국의 저항은 쓸모없는 것'이라는 러시아 측 입장을 전달했다.

이위종의 어린 시절

이준의 순국 이후에도 이상설, 이위종은 헐버트와 함께 영국, 미국의 여러 도시를 순방하며 대한제국의 독립 지지를 호소했다.

이 사건이 전해지자 통감 이토 히로부미(伊藤博文)는 고종에게 책임을 추궁하며 퇴위를 강요하였다. 이토는 7월 18일 그들의 외무대신 하야시 다다스(林董)를 서울로 불러 함께 고종을 협박하였고 밤을 새워가면서 항거하던 고종은 결국 '대사를 황태자에게 대리시킨다'는 황태자 섭정의 조칙(詔勅)을 승인하였다. 그러나 일제와 친일 각료들은 이 조칙을 '양위'로 왜곡 발표하고 20일에 양위식을 강행하였다. 흥분한 군중은 일진회의 기관지인 국민신문사 및 경찰관서 등을 습격 파괴하고 친일 괴수 이완용의 집에 불을 지르는 등 서울 장안은 유혈과 통곡 소리로 아수라장이 되었다.

이를 계기로 7월 24일 일제의 차관정치(次官政治)를 위한 한일신협약이 체결되고, 27일에는 언론 탄압을 위한 신문지법이, 29일에는 집회 결사를 금지하는 보안법이 공포되고, 31일에는 군대 해산 명령이

대한제국의 마지막 군대

해외 한인 최초의 신문인 《해조신문》 　　　　　　러시아 공사 이범진

내려졌다.

이에 대한제국의 구식 군대들과 애국자들의 울분은 하늘을 찔렀다. 그들은 두만강과 압록강을 건너 중국과 러시아로 모여들었다. 연해주에 사는 한인들도 울분이 들끓었다.

최재형은 이제 때가 무르익었다고 생각했다. 최재형은 이범윤을 통해 러시아 공사 이범진과도 연락했다. 이범진 역시 재러 동포들을 바탕으로 러시아의 힘을 빌려 대한제국의 국권을 회복하고자 했다. 최재형은 이범진에게 편지를 보내 최재형의 의병 활동을 중앙에서 지원해 줄 것을 요청했다. 이범진은 최재형의 제안을 받아들였고 러시아 고위층의 지원을 허락받았다.

한편 재러 한인 지도자들은 한인들의 계몽과 민족의식을 고취하기 위해 1908년 2월 26일 블라디보스토크에서 우리말로 발행된 최초의 일간 신문을 내게 되는데, 바로 《해조신문》이었다. 이는 당시 일본과 원산을 오가며 무역을 하던 최봉준(崔鳳俊)이 투자한 신문사였다.

최재형은 이 신문에 동포들을 계몽하기 위해 글을 실었다.

나는 초야의 묻힌 일개 농부라 세계 형편과 본국 사정이 어떠한지 귀먹고 눈 없는 사람이 되어 듣고 보기를 원하지 않더니, 돌연히 블라디보스토크 지방에서 세상 사람의 이목을 깨워 총명하게 하려는 기관이 생겼다 하므로 그것이 무슨 기관인가 얼핏 보고자 했더니, 급히 보매 곧 《해조신문》이란 종이 한 장이라. 놀라서 살펴보니 과연 귀와 눈을 깨우는 기관인 것을 비로소 깨달을 지라. 매일 벗을 삼아 신문을 애독하는바, 기보 제23호에 기제한 단연동맹회의 추지를 대하여 재삼 경독하매 졸다가 깨어나듯 정신이 황연하고 마음이 상쾌하여 축하함을 마지못하노니, 대개 아편의 해가 지독 지악하여 사람의 신심을 교란하고 사업을 방해하여 재산을 탕패하며 생명까지 잃게 하는 독약이라. 그러하므로 지금 청국에서도 특별히 외국과 회의하고 아편 금지하는 약조를 제정하여 엄하게 다스리는 바라. 우리 동포에도 혹 이에 빠져서 패가망신하는 자가 많으나, 정부에서도 금치 못하고 부형도 끊게 못하므로 유식자의 근심이 적지 않더니, 이제 여러 사람들이 타인의 권고를 기다리지 않고 능히 자강력으로 동맹회를 조직하고 확연히 일도양단의 용맹을 떨쳐 스스로 끊기를 결심하니, 이는 족히 조국을 흥복하고 문명에 진보하여 독립자주할 기초가 될지라. 어찌 감사하고 환영하지 않으리오. 내가 비록 어두운 곳에 있을지라도 조국의 동포를 위하여 깊은 마음을 이기지 못하노니, 즉시 약속하고 나아가 축하의 일배주라도 서로 위로하고자 하나, 다만 신상에 관계되는 연고가 있어 일장 서

신으로 동정을 표하노니, 아무쪼록 그 마음을 더욱 든든히 지키고
일심단체하여 만리전정에 사업을 발달시키며 아편을 끊기를 간절
히 바라노라.

《해조신문》1908년 4월 16일 〈아편단연회의 결성을 축하하는 글〉

참고 도서 및 참고 글
박환 교수 저《시베리아 한인민족운동의 대부 최재형》
[네이버 지식백과] 헤이그 특사 사건(—特使事件) (한국민족문화대백과, 한국학중앙연구원)

< **18** >

의병 조직에 군량과 자금 지원, 비밀리에 소총 구입

최재형과 연해주 한인들은 헤이그 만국평화회의에 갔던 이준의 사망 소식에 격분했다. 이준이 헤이그로 떠나기 전에 연해주 한인들에게 했던 연설이 매우 감동적이었기 때문에 더 안타까워했다. 이에 한인들은 이준의 뜻을 계승하기로 하고 공진회를 조직하기에 이르렀다.

이 소식을 들은 이범진 러시아 공사는 재러 동포들과 함께 러시아의 힘을 빌려 러시아인이 경영하는 신문사를 세우고, 민족의식이 투철한 장지연을 초빙하여 일본의 통감 정치를 공격하며, 조선에서 일본인을 몰아내는 데 힘써야 한다고 주장했다.

한글 신문인 《해조신문》이 창간되자 이범진은 신문사에 편지를 보내 간행을 축하하고 재정적인 후원을 하면서 일본을 몰아내는 데 앞장서 달라고 부탁했다.

이범진은 연해주 한인들, 특히 이범윤에게 편지를 자주 보냈는데, 그때마다 편지가 안전하게 도달하도록 연해주 군무지사의 손을 거쳐 배달되도록 했다. 이범진 공사는 편지에서 '연해주 방면에서 두만강을 건너서 일거에 함경도를 거쳐 계속 몰아쳐서 한성에 들어가 승리의 노래를 불러야 한다.'라고 강조했다.

이범윤이 이범진 공사에게 엄인섭을 소개하자, 1907년 7월 10일 이범진

엄인섭과 홍범도

은 엄인섭에게 편지를 보내 의병 봉기를 촉구하였다.

> 엄인섭 인형(仁兄)께
>
> 관리영감(이범윤)의 서한을 통해 귀하의 성명과 국사에 진력하려는 뜻을 매번 전해 들었습니다. 한번 만나 뵙기 희망하던 차에 다행히도 귀하가 보내신 편지를 접하여 대단한 기쁨을 감당할 수 없습니다. 그 후 더욱 건승하시어 국사에 진력하시고 관리영감에게도 안부 전해 주십시오. 어쨌든 동심협력하여 열성으로 일을 처리하여 일본에 대한 원수를 갚고, 국권을 회복하고자 함을 뜻하여 밤낮으로 국사를 잊지 않았기 때문에 한심 통곡함을 참을 수 없습니다. 금후로는 때때로 서신을 통하고 싶습니다. 바라건대, 귀하의 건강을 기원합니다.
>
> 광무 11년(1907) 7월 10일 러시아력 6월 27일
> 이범진

독립군

그러나 엄인섭은 나중에 일제의 밀정이 되어 변절자로 살다가 죽었다고 한다.

국내에서 일본이 군대를 해산시키자 러시아로 건너온 대한제국의 군인들과 의병 세력들도 이범윤을 찾아와 항일의병 봉기를 요청하였다. 일본의 1908년 11월 26일 자 첩보 보고에 그 정황이 잘 나타나 있다.

이범윤은 얀치혜에 거주하는 굴지의 부호 최 도헌, 즉 최재형(원래 경흥부의 한 빈민)이 설립한 사립 학교의 교사였던 바, 작년 경성의 변에 의하여 해산된 병정 및 폭도 패주자들이 찾아와 호소하기에 이르러 최 도헌 기타의 동지자도 또한 이범윤에게 폭동을 권고하고 최 도헌으로부터 군량 자금의 공급 약속을 받고 왕년 이범윤이 태황제 폐하로부터 하사받은 유척, 마패를 이용하고 또 격문을 발하여 부하 최병준, 박모(러시아명 알렉산드르), 엄인섭을 각 지방에 파견하였음.

위 문서를 보면 이범윤은 최재형이 세운 사립 학교에서 교사 활동을 했다는 것을 알 수 있다. 또한, 최재형으로부터 군량 자금과 지원을 약속받았다는 사실을 일본은 모두 간파하고 있었던 것이다.

이범윤은 최재형이 지원한 1만3천 루블을 확보하고 의병 조직에 자신감을 갖게 되었다. 때마침 함경도 지역에서 의병들이 일본군과 전투를 벌여 승리했다는 소식도 날아들었다. 얀치혜에는 의병들과 조선의 전직 정규 군인도 40여 명이나 있었다.

그러나 의병들은 국내진공작전을 감행하기 위해서는 소총이 필요했다. 이범윤은 전직 황제 근위대 대위였던 김인수와 함께 러일전쟁 당시 자신의 상관이었던 아니시모프 장군을 찾아갔다.

이범윤과 김인수는 일본인들에게 적극적으로 대항할 목적으로 무기가 필요하니 러일전쟁 후 한인 의병대원들에게서 압수한 소총을 돌려 달라고 간청하였다.

그러나 아니시모프 장군은 포츠담 회담에서 일본과 평화 협정을 체결했으므로 어떤 경우라도 한인 반란군을 공식적으로 지원할 수 없다고 잘라 말했다.

한인들은 비밀리에 만주에서 소총을 구입하기 시작했다.

한편 1908년 4월 이범진 공사도 얀치혜에서 의병 봉기를 준비한다는 사실을 알고 연해주 의병 조직을 후원하기 위해 러시아 귀족인 놀켄 남작과 아들 이위종을 동행시켜서 1만 루블을 최재형에게 보낸다. 놀켄 남작은 이위종의 장인이었다. 이들은 러시아의 수도를 출발해 최재형의 집으로 갔는데, 이러한 상황을 러시아 국경 지대 관리의 기록에서 확인할 수 있다.

거기로 페테르부르크에서 전 조선 공사의 아들이 왔다. 블라지미르 세르게예비치 리(리위종)라고 한다. 그는 놀켄 남작(토볼주 총독이었던 것으로 여겨짐)의 조카딸과 결혼하였다. 그는 자신의 장인과 함께 왔다. 그는 파리에서 교육을 받았다. 그의 말에 의하면, 그는 만국평화회의에서 조선에 대한 지지를 호소한 유명한 고려 대표단의 일원이었다.

전 러시아 공사 이범진의 아들과 러시아 귀족인 이위종의 장인 놀켄 남작이 연해주에 나타나자 한인들은 크게 용기를 얻었고 국경 지대의 러시아 국경 수비대는 무척 당황스러워했다.

참고 도서
박환 교수 저《시베리아 한인민족운동의 대부 최재형》

이위종이 러시아 귀족인 장인 놀켄 남작을 대동하고 얀치혜의 최재형을 찾았을 때, 러시아에서는 한국의 국경에서 한인 의병 부대와 일본군 사이에 격렬한 무력 충돌이 있을 것을 예상했다. 따라서 이들의 방문이 의병 봉기를 위한 중대한 행동이라고 판단했다.

러시아의 예상대로 얀치혜 지역에 있던 최재형과 이범윤은 얀치혜 의병들을 중심으로 항일의병투쟁 단체인 동의회를 발기한다. 동의회 발기인을 살펴보면 지운경, 장봉한, 전제익, 이승호, 이군포, 최재형, 엄인섭, 안중근, 백규삼, 강의관, 김길용, 이위종, 조순서, 장봉금, 백전성, 김치여 등이었다.

동의회는 지역적으로 얀치혜와 수청 지역, 그리고 이위종으로 대표되는 페테르부르크 세력으로 구성되었다. 얀치혜 세력은 최재형, 이범윤, 지운경, 장봉한, 전제익, 전제악, 이승훈, 이군포, 엄인섭, 안중근, 백규삼, 김치여 등이었다. 이렇듯 동의회는 얀치혜 지역을 중심 세력으로 하고 수청 지역의 인물들이 가담하여 조직된 독립 단체였다.

동의회 회원 (총장 최재형, 회장 이위종, 평의원 안중근)

동의회 발기인들은 1908년 4월 얀치혜에 있는 최재형의 집에서 회의를 열고 동의회를 조직할 것을 결의하였다. 의병 수백 명이 참석한 가운데 총회를 열고 총장, 부총장, 회장, 부회장, 기타 임원들을 선출하였는데, 당일 임시회장으로 이위종이 회의를 주재하였다.

선거 결과 총장에 최재형, 부총장에 이위종이 선출되었다. 당시 의병 세력 중에서 이범윤 세력이 막강했다. 이위종이 부총재에 당선된 이유는 러시아의 지원을 받으려면 이위종의 부친인 전 러시아 이범진 공사의 명성과 지위가 필요하다고 느낀 세력들이 이위종에게 표를 던졌기 때문이었다.

그러나 이러한 결과에 이범윤은 크게 분개했다. 일본의 기록은 당시의 상황을 소상하게 밝히고 있다.

부총재 투표 개표 결과 이범윤이 1표 차이로 차점자가 되자 이범윤은 크게 좌석을 박차고 일어나 말하기를 "내가 강동에 건너와서 국사를 위하여 진력한 지 수년이나 되었는데 명성도 없고, 나이도 어린 조카 이위종에 미치지 못한다니 견딜 수 없다."라고 말하자 이범윤파의 의병들도 동요하는 사람들이 많았다. 이에 이위종이 급히 일어나 의장석으로 내려가서 이범윤을 백방으로 위로하고 스스로 부총장의 당선을 사양한 후 이범윤에게 양보하여 일이 점차 무사하게 되었다.

이범윤을 부총장으로 앉힌 후에 회장 이하 임원 선거를 진행한 결과 회장에는 이위종, 부회장에는 엄인섭, 서기에는 백규삼이 임명되었으며 평의원은 발기인 전부로 구성하기로 했다.

여기에서 아주 중요한 인물인 안중근도 동의회 발기인이었는데, 안중근은 동의회를 조직하기 바로 한 해 전인 1907년에 간도를 거쳐 연해주에 왔고 바로 최재형파에 속해 있었다.

안중근은 국내에서의 계몽운동을 중단하고 자신의 독립 전쟁 전략에 의거하여 의병 부대를 창설하기 위해 노령(러시아령) 블라디보스토크로 국외 망명을 단행하게 되었다. 이때 국외 구국 운동의 자금은 삼합의를 처분하여 마련할 수 있었다.

안중근은 성진(城津)·청진(淸津)을 거쳐 선편으로 블라디보스토크에 도착할 계획을 세웠다. 그리하여 청진까지 갔으나 일경에 밀항 사실이 발각되어 목적을 달성할 수 없었다. 안중근은 다시 육로를 택하여 함경북도 회령(會寧)을 경유해서 종성군(鍾城郡) 상삼봉(上三峰)을 끼고 두만강을 건너 무사히 간도(間島) 화룡현(和龍縣) 지방전(地坊典)에 도착할 수 있었다.

그런데 이 무렵 북간도(北間島)에는 을사5조약(을사늑약, 1905)에 따라 간도관리사가 폐지되고, 1907년 일제가 간도 용정에 통감부 임시 간도 파출소를 설치하고 일본군을 주둔시키고 있었다. 그러므로 간도에서 의병 부대를 창설하는 것은 불가능하였다. 안중근은 약 3개월 동안 북간도 일대를 돌아본 다음 용정촌(龍井村) 국자가(局子街) 등지를 경유하여 1907년 겨울에 목적지인 블라디보스토크에 도착할 수 있었다.

러일전쟁(1904) 직후 일본과 적대 관계에 있던 러시아는 한국 독립운동자들에게 비교적 관대했으므로 많은 애국인사들이 블라디보스토크로 모여들고 있었고, 안중근이 당도했을 때 블라디보스토크에는 약 5천 명 정도의 동포가 살고 있었으며 한국인 학교와 청년회도 세워져 있었다.

안중근은 블라디보스토크에 도착한 직후 계동청년회(啓東靑年會)에 가입하여 임시사찰(臨時査察)의 일을 맡아 보면서 이범윤, 최재형과 함께 의병 부대의 창설을 적극적으로 주장하여 동의회 발기인으로 참여하게 되었다.

최재형은 동의회의 군자금으로 1만3천 루블이란 거금을 쾌척했다. 이외에 이위종이 1만 루블을 가져왔으며, 6천 루블이 수청(水淸) 지방에서 모금되었고, 각지로부터 군 총 100정이 수집되었다.

참고 도서
박환 교수 저《시베리아 한인민족운동의 대부 최재형》
문영숙 저《독립운동가 최재형》

< 20 >
한인 마을을 돌며
인심결합론 호소하는 안중근

　동의회가 조직되기 직전까지 한인들 중에는 서로 헐뜯고 반목하는 사람들이 많았다. 이에 안중근은 1908년 3월까지 《해조신문》에 인심결합론을 발표하여 한인들의 단합을 호소했다. 인심결합론의 내용은 아래와 같다.

　　동포들이여, 내 말을 들어 보십시오. 만약 어떤 사람이 부모 형제와 작별하고 다른 곳에서 산 지 10여 년인데, 그동안 성공하여 가산이 넉넉해지고 아내를 얻고 자식들도 생기고 벗들과 친하여 걱정 없이 살게 되었습니다. 그러다 보니 고향 집 부모와 형제를 잊어버리는 경우가 많았습니다.
　　그러다 어느 날, 고향 집 형제 중 하나가 이런 소식을 전합니다.
　　"고향 집에 큰 화가 생겼어, 강도가 들어 부모를 내쫓고 형제를 죽이고 재산을 약탈하니 어쩌면 좋겠어?"
　　그때 그 사람이 이렇게 대답했다고 칩시다.

안중근 장군의 아명인 안응칠 이름으로 《해조신문》에 기고한 인심결합론

"내가 여기서 걱정 없이 편안하게 사는데, 고향 집 부모 형제가 나와 무슨 상관이 있어?"

여러분은 이렇게 대답한 사람을 사람이라 하겠습니까, 짐승이라 하겠습니까.

곁에서 그를 지켜보던 사람들도 '저 사람은 부모 형제도 모르는 사람이니 어찌 친구라 할 수 있겠어.' 하고는 친구의 의도 끊고 말 것입니다. 친척도 멀리하고 친구도 끊어진 사람이 무슨 면목으로 세상에 살 수 있겠습니까.

동포들이여! 내 말을 들어 보십시오.

지금 우리나라의 참상을 알고 계십니까. 일본이 러시아와 전쟁을 일으키면서, 자신들은 동양의 평화를 유지하고 대한의 독립을 보장하겠다고 했습니다. 하지만 그 약속은 지키지 않고 도리어 대한을 침략하여 5조약과 7조약을 강제로 맺었습니다. 우리의 국권을 손아귀에 쥐더니 황제를 물러나게 하고 군대를 해산하였습니다. 철도, 광산, 산림, 하천과 저수지 등 빼앗지 않은 것이 없고, 관청과 사람들이 살던 큰 집들도 모두 병참이라는 핑계로 모조리 빼앗았습니다. 기름진 논과 밭, 조상의 산소들도 군용지 푯말을 꽂고는 무덤을 파헤쳤습니다. 조상의 백골에까지 일본의 화가 미치고 있으니 백성의 한 사람으로서 또 자손으로서 어느 누가 분함을 참고 욕됨을 견딜 수 있겠습니까. 이러하니 이천만 민족이 모두 일어나 삼천리강산 곳곳에서 의병들이 싸우고 있습니다.

아! 슬픕니다.

저 강도들이 도리어 우리를 폭도라고 부르면서 군사를 풀어 토벌하고 참혹하게 죽여, 지난 두 해 동안 피해를 본 대한인들이 수십만 명이나 됩니다. 강토를 빼앗고 사람을 죽인 자가 폭도입니까, 제 나라를 지키고 외적을 막는 사람이 폭도입니까. 그야말로 도둑놈이 몽둥이를 들고 나서는 꼴입니다.

한반도의 원흉은 바로 일본의 늙은 도둑 이토 히로부미입니다.

우리 민족 이천만이 스스로 일본에 보호받기를 원한다 하고, 그래서 우리나라가 태평하고 평화로우며 날마다 발전하는 것처럼 선전하고 있습니다. 위로는 천황을 속이고 밖으로는 열강들의 눈과 귀를 가린 채 제 마음대로 농간을 부리며 못 하는 일이 없으니, 이 어찌 원통하고 분한 일이 아니겠습니까. 우리 민족이 이 도둑놈을 죽이지 않는다면, 대한은 곧 없어지고 말 것이며 동양 전체도 반드시 망할 것입니다.

여러분! 깊이 생각하십시오. 선조의 백골을 잊었습니까, 친척과 일가들을 잊었습니까.

만일 잊지 않았다면 이같이 위급하고 죽느냐 사느냐 하는 때에는 깨닫고 떨쳐 일어나야 합니다. 뿌리 없는 사람이 어디서 나오고, 나라 없는 백성이 어디서 살겠습니까.

만일 여러분이 외국에 산다고 하여 조국을 잊고 돌보지 않는 것을 러시아 사람들이 안다면 '대한 사람들은 조국도 모르고 동족도 모르니, 어찌 외국을 도울 리 있으며 다른 종족을 사랑할 리가 있겠는가. 이같이 무익한 민족은 쓸데가 없다.' 하고 여론이 들끓어 머지 않아 국경 밖으로 쫓겨날 것이 뻔합니다. 조국의 강토를 이미 외적에게 빼앗기고 외국인마저 우리를 배척하고 받아 주지 않는다면, 우리는 늙은이를 업고 어린 것들을 데리고 앞으로 어디 가서 살아야 합니까.

여러분! 폴란드 사람들이 당한 참상이나 헤이룽강에 살던 청나라 사람들의 참상을 듣지 못했습니까. 만일 나라 잃은 백성이 강국의 백성과 동등하게 대우받을 수 있다면 나라 잃은 것을 왜 걱정하겠습니까. 또 강국이라고 좋을 것이 무엇이겠습니까. 어느 나라를 막론하고 우리나라가 망한 민족은 참혹하게 죽고 학대받는 것을 피

서울 남산 안중근의사기념관 앞 인심결합론이 새겨진 비석

안중근 의사

안중근과 관련 인물들
(12시 시계 방향 - 김구, 빌렘 신부, 안창호, 최재형, 이강,
이상설, 백규삼, 이위종, 황병길, 우덕순, 조도선, 유동하)

할 수 없습니다.

그러므로 우리 대한인은 이런 위급한 때를 당하여 무슨 일을 하는 것이 좋겠습니까. 결국 의거를 일으켜 적을 치는 일밖에는 다른 방법이 없습니다. 지금 13도 강산에는 의병이 일어나지 않는 곳이 없습니다. 하지만 의병이 패하는 날에는 도둑놈들이 의병들을 폭도란 이름으로 죽이고 집집에 불을 지를 것이니, 그런 후엔 우리 민족이 무슨 면목으로 세상에 나설 수 있겠습니까.

– 중략 –

스스로 할 수 없다는 생각은 망하는 근본이요, 스스로 할 수 있다는 것은 만사가 잘되는 근본'이라는 말 그대로입니다. 우리 모두 결심하고 각성하여 용감하게 싸웁시다.

참고 도서
《안응칠 역사》
문영숙 저 《안중근의 마지막 유언》

⟨ 21 ⟩
동의회 발기문과 동의회 취지서 발표

최재형은 《해조신문》 1908년 5월 6일 별보에 〈얀치혜에서 유지신사 최재형 씨가 애국동지대표회의 의조금 모집 발기문이 여좌하다〉라는 글을 기고하였다.

그 내용은 해외 동포들에게 조국의 형편을 알렸다. 미국에서는 박용만 씨가 애국동지대표회를 발기하였다. 그 목적은 우리 동포들이 원근을 막론하고 하나로 합쳐야 마땅하다고 주장하며 본인도 50원을 선연했다며 연해주에서도 그와 같은 모임을 모집하고자 하니 각처에 거주하는 제 군자는 시기를 놓치지 말고 국민된 의무를 다하여 힘닿는 대로 다소간 금액을 연

《해조신문》에 실린 동의회 취지서 전문

조해 주기를 희망한다는 내용이었다.

최재형은 곧이어 동의회를 결성한 다음인 1908년 5월 10일 자《해조신문》별보에 동의회 취지서를 게재하였다.

〈동의회 취지서〉

얀치혜에서 유지신사 제씨가 동의회를 조직하였는데 그 취지 전문이 여좌하니 무릇 한 줌 흙을 모으면 능히 태산을 이루고, 한 홉 물을 합하면 능히 창해를 이룬다 하나니, 적은 것이라도 쌓으면 큰 것이 될 것이요, 약한 것이라도 합하면 강한 것이 됨은 고금천하의 정한 이치라. 그런고로《주역》에 이르기를 두 사람만 동심하여도 그 날카로움이 쇠를 끊는다 하고,《춘추전》에 말하기를, 여러 마음이 합하면 성을 쌓는다 하였으며, 서양 정치가도 항상 말하기를, 나는 뇌정도 두렵지 않고 대포도 겁나지 않으되, 다만 두렵고 겁나는 것은 중심이 합하여 단체된 것이라 하였으니, 자고로 영웅호걸이 위태하고 간험한 때를 당하여 충의열성으로 나라를 붙들고 세상을 건지고자 할진대, 반드시 의기남자와 열렬지사를 연람하여 단체를 맺어 서로 같은 이는 응하고 지기 같은 이는 서로 구한 연후에야 능히 광대한 사업을 이루며, 능히 거룩한 공명을 세우나니, 옛적에 유, 관, 장 3인은 도원에 결의하여, 400년 유 씨의 기업을 다시 촉한에 중흥하고 아지니와 가라파지는 영호를 결합하여 소년의태리를 창립함으로, 구라파 남반도에 11만 방리의 신라마를 다시 건립하였으니, 마음을 합하여 의기를 펼침이라.

슬프다, 우리 동포여, 오늘날 우리 조국이 어떤 상태가 되었으며 우리 동포가 어떤 지경에 빠졌는지 아는가 모르는가. 위로는 국권이 소멸되고, 아래로는 민권이 억압되며 안으로는 생활상 산업권을 잃어버리고, 밖으로는 교통상 제반권을 단절케 되었으니, 우리 한국 인민은 사지를 속박하고 이목을 폐석하야 꼼짝 운동치 못하는 일개 반생물이 된지라. 어찌 자유 활동하는 인생이라 하리오. 대저 천지간에 사람으로 생겨서 사람된 직책이 많은 중에 제일은 국가에 대한 직책이니, 국가는 곧 자기 부모와 같이 자기의 몸을 생산할뿐더러 자기의 부모 형제와 기백대 기천년을 혈통으로 전래하면서 생산하고 매장하던 땅이요, 또한 기백대 조선 이하로 그 종족과 친척을 요량하면 천국 내 몇천만 인종이 다 서로 골육친척이니, 일반 국가와 동포는 그 관계됨이 이같이 소중한 연고로, 국가에 대한 책임은 사람마다 생겨 날 때에 이미 두 어깨에 메고 나는 것이라. 만약 사람으로서 자기 나라에 열심하는 정신이 없고 다만 야만과 같이 물과 풍을 쫓아 어디든지 생활로 위주하면 어찌 금수와 다르리. 가령 나라 안이라도 고향을 떠나 오래 타향에 작객하면 고향 생각이 간절하거늘, 하물며 고국을 떠나 수천 리 외국에 머무는 우리 동포는 불행히 위험한 시대를 당하여 조국의 강토를 잃어버릴 지경이요, 현재 친척은 다수 화중에 들어 참한 경상이라. 어찌 슬프지 않으리오. 눈비 오고 궂은 날과 달 밝고 서리 찬 밤, 조국 생각 간절하여 꽃을 보아도 눈물이오. 새소리를 들어도 한숨 짓는 자고 충신 열사의 란시를 당하여 거국이향한 회포를 오늘이야 깨닫겠도다. 만약 조국이 멸망하고 형제가 없어지면 우리는 뿌리 없는 부평이라. 다시 어디로 돌아가겠는가. 그리하면 우리는 어찌하여야 조국을 붙

들고 동포를 건지겠는가. 금일 시대에 첫째 교육을 받아 조국 정신을 배양하고 지식을 밝히며 실력을 길러 단체를 맺고 일심동맹하는 것이 제일 방침이라 할지라. 그런고로 우리는 한 단체를 조직하고 동의회라 이름을 발기하나니 슬프다, 우리 동포는 아무쪼록 우리 사정을 생각하고 단체 일심이 되어 소년의태리의 열성으로 조국의 정신을 뇌수에 깊이 넣고, 교육을 발달하여 후진을 개도하며 국권을 회복하도록 진심갈력할지어다. 저 독일 비스마르크는 평생에 쇠와 피의 두 가지로 독일을 홍복하고 부강을 일우었으니, 우리 대 개개히 그와 같이 철환을 피치 말고 앞으로 나아가서 붉은 피로 독립기를 크게 쓰고 동심동력하야 성명을 동맹하기로 청천백일에 증명하노니 슬프다, 동지 제군이여.

동의회 총장 최재형

부총장 이범윤

회장 이위종

부회장 엄인섭

평의원 안중근 등

참고 도서
박환 교수 저 《시베리아 한인민족운동의 대부 최재형》

군납 및 임대료 사업으로
의병들의 의식주와 무기 지원

동의회는 1905년 이후 러시아 지역에 있는 모든 항일의병 세력의 결합이었다. 이 때문에 동의회는 초기 독립운동사에서 매우 중요한 의미를 갖는다. 동의회 구성원으로는 이범윤 중심의 의병 세력이 모태가 되었지만, 여기에 최재형이 낸 거액의 자금과 인적 자원, 또 이범진, 이위종 부자의 외교적인 노력과 자금 지원도 중요한 역할을 하였다. 이로써 동의회는 의병 중심의 이범윤 의병 세력, 러시아 인맥과 행정력의 도움을 받을 수 있는 재력가 최재형의 의병들, 그리고 이범진과 이위종 부자를 대표하는 의병 세력이 하나로 모인 단체였다.

또한, 지역적으로는 얀치혜를 중심축으로 하고 수청 지방의 의병들과 추풍 지방 등 연해주 일대의 한인 세력이 중심이 되어 조직된 항일 투쟁 독립단체였다. 이들은 모두 친러파로서 강한 애국심을 품고 있었다. 세 세력 가운데 가장 강력한 세력은 최재형을 따르는 의병들이었다.

최재형 세력의 핵심 인물은 몇 그룹으로 나눌 수 있는데, 귀화 한인으로 러일전쟁에 참가했던 엄인섭, 김인수, 윤일병, 유진률을 들 수 있

고, 다음으로는 얀치혜 지역의 귀화 한인들로 최재형과 같은 함경도 출신들이 많았다.

1908년 4월 동의회 조직 당시 최재형이 총장이 되고 이위종이 부총장이 되자 이범윤이 반기를 들고 일어났다. 이 일은 최재형파와 이범윤파의 갈등의 시초라고 할 수 있는데, 최재형파와 이범윤파가 갈라졌을 때, 최재형파의 간부들을 살펴보면 다음과 같다.

도영장 전재익, 참모장 오내범, 참모 장봉한, 지운경, 미국에서 돌아온 군의관 모 씨, 병기부장 김대련, 최영기, 경리부장 강의관, 동부장 백규삼, 좌영장 엄인섭, 제1중대장 김모, 제2중대장 이경화, 제3중대장 최화춘, 우영장 안중근과 중대장 3인이었다.

수청 세력으로는 1908년 3월 김공심, 박춘성, 원사집, 박태여 등 4명이 동의회를 조직하였다. 이들은 페테르부르크에서 온 이위종과 얀치혜 지역에서 활동하고 있던 김기룡을 통해 재러 동포들에게 민족의

식을 고쳐하여 조직을 강화하고 1,200원의 군자금을 마련하여 총포 40정을 구입하고 포수 50명을 선택하여 얀치혜의 동의회에 참여하였다. 그 후 총기 가운데 30정을 이범윤에게 제공하였다.

수청 세력은 1908년 후반기에 최재형과 이범윤 사이에 갈등이 생기자, 어느 파에도 협조하지 않다가 의병들의 약 반수가 해산하였다.

최재형은 자신의 모든 재산을 항일운동을 위해 대부분 사용하였다. 최재형은 러시아 인맥을 통해 아주 싼 값에 체코군이 사용하던 모신 총을 사들여 의병들을 무장시켰는데, 이 총은 옛 소비에트 연방이 제2차 세계 대전 때까지 사용할 정도로 성능이 뛰어난 소총이었다.

최재형은 재러 한인들 중에 대표적인 자산가로서 각종 사업에 종사했는데, 구체적으로 살펴보면 다음과 같다.

첫 번째로 얀치혜에서 동부 시베리아 저격 제6연대에 소고기를 납품했는데, 한 달에 무려 150마리의 분량이었다. 금액으로 환산하면 당시에 약 9만 루블이나 되었다.

또한, 슬라비얀카에서는 병영을 건축하고 기와를 제조하는 건축업을 했고 블라디보스토크에서는 페킨스카야 거리에 기와로 지은 건물을 소유하고 있었는데, 그 가격도 약 4 - 5만 루블이나 되었다.

게다가 집 임대료로 1년에 약 3,000루블을 받고 있었다. 또한, 얀치헤에서도 1년에 임대료로 2,000 - 3,000루블을 받았다고 한다. 이 외에도 농업을 경영하여 1년에 적어도 4 - 5만 루블의 수익을 남겼고 1910년에는 소고기 납품만 해도 2만5천 루블을 벌어들였다고 한다.

최재형은 동의회 조직부터 운영은 물론, 항일 전투 활동에 드는 무기와 의병들의 피복, 심지어 의병들의 생활비까지 책임지느라 상당한 부담을 안아야 했다.

최재형은 국내에서도 군자금을 모았는데, 1909년 1월에는 함경도 북청의 김승지로부터 2,000원에서 3,000원 정도를 기부받았다. 또한, 최재형은 이경화를 통해 북간도에서도 군자금을 지원받았다. 최재형은 또 엄인섭을 통해서도 군자금 모금을 추진했다. 귀화 한인인 엄인섭은 모금 과정에서 일본 밀정이라는 이유로 귀화 한인을 살해하고 러시아 관원에게 쫓기는 신세가 되기도 했다.

이경화는 최재형의 부하인데, 1908년 여름부터 가을 사이에 청나라 오가자에 가서 현금 600원을 모금하기로 하고 그중 400원을 받아왔다. 이경화는 그 일을 수행하면서 북간도 흑정자 병영에 구금되기도 했다.

그 후 이경화는 1909년 3월에 다시 청나라 오가자에 가서 나머지 200원을 수령했고, 그 후 4월 초에 러시아로부터 5연발 총 1,500정을 구입하기로 예약을 완료하였다.

당시 연해주에서는 마적단의 습격에 대비하여 민간인도 총기 소유를 공인하고 있었고 총기와 탄약의 매매도 허가되어 사실상 자유롭게 매매할 수 있었다.

얀치혜에는 블라디보스토크에 본점을 둔 '쿤스트 앤드 알베르스'란 총기 판매지점이 설치되어 있었다. 최재형은 이 상점을 통해 무기를 자유롭게 구입할 수 있었던 것이다. 또한, 얀치혜에 최재형과 가까운 러시아군 기병대 제6연대가 주둔하고 있어서 최재형은 이 부대를 통하여 필요한 무기를 구입할 수 있었고 무기 운반을 위하여 사람들을 파견하기도 했다. 실제로 최재형은 1908년 11월 29일 샤치사에 의병 20명을 증파하여 탄약 3,000발을 운송했다.

참고 도서
박환 교수 저 《시베리아 한인민족운동의 대부 최재형》
문영숙 저 《독립운동가 최재형》

최재형 의병 부대의 국내진공작전 연전연승

최재형은 자금 모금에 앞장서면서 의병들을 지원해 본격적으로 항일투쟁에 나섰다.

최재형은 의병 부대를 100여 명 내외의 소규모 부대로 편성해서 일본 수비대의 경비가 취약한 지점을 골라 산발적인 도강 상륙 작전을 펼쳤다. 국내진공작전에 성공한 부대는 함경도 갑산, 무산 등지에 집결하여 지속적인 국내 항쟁을 시도하려고 했다. 1908년 5월 14일 자 러시아 보고서를 보면 다음과 같다.

두만강과 압록강 상류에서의 한인들의 봉기는 성공적으로 진행되고 있습니다. 3주 전에는 무산시 부근에서 일본군 부대가 궤멸하였으며, 도시 자체는 반란군에 의하여 장악되었습니다. 오늘 또다시 받은 정보에 의하면 2주 전에 삼수시 근처에서 150여 명의 일본군이 모두 궤멸당했고, 압록강을 따라 채벌된 목재를 뗏목으로 수송하기 위하여 일본인들이 세워 놓은 산속의 시설들이 전부 파괴되

북·중·러 국경 지역

었습니다. 일본인들은 북청으로부터 상기 지역으로 군대를 이동시켰습니다.

반란군이 성공을 거둠으로써 우리 지역과 만주 국경 지대에 있는 한인 망명자들은 크게 고무되었습니다. 우리 지역이 황량하고 만주와의 접경 지역 지세가 험하고 방어할 수 없기 때문에 우리는 소규모의 무장 부대가 한국으로 침투하는 것을 중단시킬 수 없습니다. 그 부대들은 드문드문 한인들이 거주하는 훈춘을 거쳐 절망에 빠져 몹시 분개하고 있는 조선 독립군을 지원하기 위하여 북한 지역으로 들어가고 있습니다.

위 보고서에 나타난 것처럼 북한 지역에서 한인 의병 활동이 활발히 진행되었다는 것을 알 수 있다. 이어서 6월 19일 자 러시아 보고서에도 의병들의 전투 활동 내용이 잘 나타나 있다.

조선 북부 지역에 있는 한인 봉기자들의 계획이 아주 성공적으로 진행되고 있으므로 이런 공감 분위기는 지속되고 있습니다. 조선 내의 일본인들과 그들의 동조자들은 무자비하게 죽임을 당하고 있으며, 대규모 봉기군은 소부대와 초소만이 아니라 상당한 병력을 가진 일본 군부대를 소탕하고 있습니다. 조선의 북부와 서부에는 몇몇 도시가 봉기군에 의하여 장악되고 있으며, 3월 초에는 일본군에 의하여 격퇴된 두만강 상류의 무산시는 지금까지 반란군 수중에 있습니다. 회령시에서 부대를 파견하여 반란군에게서 그 도시를 탈취하려던 일본인들의 시도는 격퇴당했습니다. 이 모든 일은 한인들의 사기를 드높이고 있고, 그들은 만주 동부와 우리 지역에서 자금을 모으고 무기를 구입하고 있습니다.

재러 의병들이 국내진공작전 시 넘나들었을 것으로 보이는
두만강 국경 다리의 현재 모습

이처럼 국내에서 의병 활동이 성공적으로 이루어지자 이위종은 최재형에게 국내진공작전을 확대할 것을 의논하였다. 이를 눈치챈 러시아 지방 당국은 이위종에게 즉각적인 추방을 요청하면서 포시에트 경찰서장에게 최재형을 소환하여 러시아 공민으로서 한인 애국

자들의 활동에 개입하지 말라고 요구했다.

한편 국경 지대에 사는 일본인들은 한인들의 국내진공작전을 두려워했고, 러시아 지역에 밀정을 파견하여 재러 의병들의 국내 진공에 대비하여 교란하기 시작했다.

그러나 일본의 방해 공작에도 불구하고 최재형과 이범윤이 이끄는 의병 부대들은 6월 말과 7월 초에 두만강 하류에 있는 일본의 소규모 부대를 궤멸시켰다. 7월 15일 자 러시아 보고 문서에 이 내용이 잘 나타나 있다.

> 6월 말과 7월 초에 러시아 영토로부터 접근한 반란 부대에 의하여 두만강의 하류에 있는 일본 초소와 소규모 부대가 궤멸당했다. 약 100명쯤 되는 어떤 부대는 샤벨로프스크 지역의 남쪽 끝에 있는 중국 영토에 집결하여, 포드고르노보 마을 위에 있는 두만강 지역을 성공적으로 건너왔다. 그곳에 7월 초에 또 다른 부대가 접근해 왔는데 그 인원 또한 약 100여 명이 되었다. 이들 부대는 수청과 연해주의 다른 지역에서 하천용 배를 타고 왔으며 두만강의 삼각주에 내린 다음 조선 방면으로 건너갔다. 그들은 무장하지 않고 하선했지만, 조선으로 건너가서는 무장한 채 특수한 반란군 복장을 하였다. 무기와 의복이 어떤 경로를 통하여 공급되었는지는 알 수가 없다. 이 부대들은 거의 손해를 입지 않고 경흥시 외곽과 두만강 상·하류에 있는 일본군 초소와 소규모 부대들을 모두 격파하고는, 전사자들로부터 많은 탄약과 함께 수십 정의 라이플을 탈취하였다.

그러나 1908년 12월경의 일본 문서에는 동의회 활동에 대해 다음과 같은 첩보 기록이 언급되었다. 이즈음 최재형이 일본의 방해 공작으로 러시아의 압박 때문에 무장투쟁 노선을 변경한 이후의 문서로 보인다.

재안치혜 최재형(일명 최 도헌)이 수령이었을 때 동의회라는 것이 있었다. 조직의 연월은 분명치 않으나 그 주의라고 하는 것은 재류 한인 보호라고 내세우는데 최 도헌 일파의 무리는 전부 작년 폭도 모집 시 입회하였다. 현재는 해산되었고 그 후 하등 활동하지 않을뿐더러 그 후 집회한 일이 없는 상태이다. 동의회 회원의 주된 자는 엄인섭, 안응칠, 백규삼, 이경화, 김기룡, 강창두, 최천오 등 모두 폭도 두목이다. 기타는 불명, 이것 외에 동 지방에는 회라고 하는 것이 없다.

참고 도서
박환 교수 저 《시베리아 한인민족운동의 대부 최재형》
문영숙 저 《독립운동가 최재형》

〈24〉
신아산·홍의동 전투 대승한 안중근
영산전투 참패

 의병들은 최재형의 전폭적인 지원 아래 국내진공작전을 펼쳐 러시아 국경의 일본군 초소와 소규모 부대들을 모두 격파하고, 많은 탄약과 소총을 탈취하는 전과를 올렸다. 당시 일본군은 전사자가 40여 명에 달했으나, 의병들은 부상자 4명뿐이었다.

 특히 1908년 6월 안중근 의병 부대는 첫 번째 국내 진입 작전을 개시하였다. 안중근과 엄인섭의 지휘 아래 두만강을 건넌 의병 부대는 함경북도 경흥군 노면 상리에 주둔 중이던 일본군 수비대를 급습하였다.

이 전투에서 안중근 부대는 일본군 수명을 사살하고 진지를 점령함으로써 일본군을 완전히 소탕하는 전과를 올렸다. 작전을 성공적으로 수

연해주 의병들의 국내진공작전

행한 안중근 부대는 일단 두만강을 건너 크라스키노로 귀환하였다.

1908년 7월 7일, 최재형이 이끄는 동의회와 이범윤이 이끄는 창의회의 동지 300여 명이 포병 사령관 정병무, 우영장 안중근, 좌영장 엄인섭 등의 지휘하에 두만강 연안 신아산 부근의 홍의동을 공격하였다. 이때 경흥군 수비대 병사 2명과 헌병 1명을 사살하였다. 또한, 1908년 7월 9일, 의병 200여 명은 두만강을 건너 7월 10일 새벽, 경흥, 회령 근처 운성산에서 일본군을 격퇴하였다. 러시아 문서에는 이 내용을 아래와 같이 기록하고 있다.

7월 10일에 회령시로부터 25베르스타 떨어진 운성산 지역에서 매복에 걸린 일본군 중대는 엄청난 패배를 당했습니다. 전투는 아침에 시작되어 종일 계속되었습니다. 땅거미가 질 무렵에야 회령시로부터 구출 부대가 접근하였고, 반란군을 격퇴하였습니다. 일본인들의 사망은 64명, 부상자는 30명이었습니다. 반란군은 겨우 4명만이 부상을 당했을 뿐입니다. 그 가운데는 그 파의 지휘자인 오내범도 포함되었는데, 그들 가운데 사망자는 없습니다. 접근한 일본 군대가 무기와 부상자들을 거두어 가서 어둠을 틈타 몰래 회령시로 물러났기 때문에 일본인들의 무기를 탈취하는 데 성공하지는 못했습니다. 반란군은 총수가 160명이나 되기 때문에 그들을 추적하는 것을 두려워했습니다. 두 번째 충돌은 부령읍 인근의 배상봉에서 발생했습니다. 한인 불교 승려로서 배교한 어떤 사람의 말에 따르면, 점심 식사를 하던 부대가 약 100명이었는데, 그중에는 30명의 호랑이 사냥꾼과 뛰어난 사격수들이 있었습니다. 그들은 일본군

부대를 급습하였는데 일본군의 첫 발포 이후에도 반란군은 아무도 상처 입지 않았고, 반란군은 즉각 반격을 시작하여 일본인들을 좁은 분지로 몰아넣고 거의 몰살시켰습니다. 그들은 오직 1명의 부상자만 있었을 뿐이었습니다. 일본인들은 90명 이상이 죽거나 다쳤는데, 부상한 사람들은 모두 죽임을 당했고 모든 무기는 반란군 차지가 되었습니다.

위 러시아 보고서를 보면 '호랑이 부대'라는 말이 나오는데, 이는 홍범도 부대를 이르는 것이다. 이렇듯 승승장구하던 연해주 의병은 1908년 7월 19일 회령 영산전투에서 일본군에 참패를 당했다. 바로 전 전투에서 안중근은 다수의 일본군과 일본인 상인을 생포했다.

안중근은 〈만국공법〉에 따라 사로잡은 적병을 죽여서는 안 된다는 원칙 아래 부대원들의 반대를 무릅쓰고 포로들을 석방하기로 하였다. 이에 의병들은 식량도 부족하고 게릴라 전투를 해야 하는데, 포로들을

러시아 연해주 일대 의병들이 국내진공작전 당시 넘나들었던 한·러 국경 지역
최재형기념사업회 학술위원 신춘호 제공

데리고 다닐 수가 없다며 살려 주면 안 된다고 반대했다.

하지만 안중근은 〈만국공법〉에 따라 포로들을 석방했고, 석방된 포로들에 의해 의병 부대의 위치가 탄로 나 안중근 부대는 일본군의 기습을 받게 되었다.

안중근은 여러 날 동안 풍찬노숙하면서 간신히 크라스키노로 귀환하였다. 이때 안중근은 얼마나 고생을 했는지 피골이 상접하여 의병들도 알아보지 못할 정도였다.

엄인섭은 안중근 부대를 떠나 8월 4일 부대원 20-30여 명을 이끌고 두만강을 건너 서수라의 일인 어장 대성조를 습격하여 일본인 10여 명을 사살하기도 했으나, 연해주 의병은 영산전투의 패배를 계기로 점차 그 세가 꺾이고 말았다.

최재형과 이범윤은 간도와 훈춘, 연해주 지역으로 이동했다. 당시 얀치혜 지역으로 이동한 세력은 호도세(노우키예프스크 서방 2리)에 20여 명, 주라미(얀치혜 동남방 23리)에 50여 명, 나부란(소 도살장)에 100여 명, 일부는 러시아 안방비(얀치혜 동남방 23리 반)에 약 150여 명으로 총 350여 명이었다.

이범윤은 국내진공작전 이후 자금이 없어서 새로운 부대를 조직할 수 없었다. 게다가 일본은 이범윤을 제거하려고 암살범까지 파견하며 1만 루블의 현상금까지 내걸어 이범윤의 활동을 막았다. 이범윤은 블라디보스토크, 얀치혜, 중국 등지에 은둔해야 했고 의병 세력은 극히 약화되었다.

참고 도서
박환 교수 저 《시베리아 한인민족운동의 대부 최재형》
문영숙 저 《독립운동가 최재형》

이범윤과의 갈등 고조 /
일본의 사주로 최재형 압박하는 러시아

국내진공작전이 영산전투를 끝으로 참패를 당한 후인 1908년 하반기. 최재형과 이범윤 사이에 갈등이 고조되었다. 간도관리사였던 이범윤은 마패를 보이며 자신을 고종의 명을 받은 왕족임을 내세워 노비 출신인 최재형을 무시했다. 최재형은 동의회 조직 당시 이범윤에게 군자금을 지원하라고 한인들에게 증표를 주었지만, 이범윤과 갈등이 생긴 이후로 그러한 편의를 제공하지 않았다.

1908년 11월 7−8일경에는 이범윤의 창의회 본부에 총이 200정가량 있었는데, 수청 방면의 주민이 또 200정의 총기를 모아 왔다. 그러나 최재형과 이범윤은 서로 의견이 맞지 않아 그 총을 도로 돌려보냈다. 이범윤은 블라디보스토크에 자산가로 소문난 최봉준을

이범윤의 마패

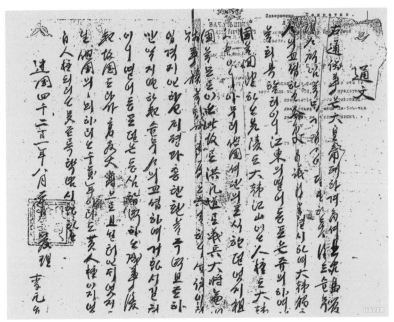

간도관리사 이범윤의 편지

찾아가 도움을 요청했지만 거절당했다. 이범윤은 다시 얀치혜 부근에 있는 부하 200여 명과 손을 잡고 경성을 습격하는 계획을 세우고 최재형 세력도 제거하려고 했다. 이범윤의 부하 한기수, 박창수, 박후보 등 세 사람은 서로 결탁하여 최재형의 부하 중 중심인물인 김기룡, 안중근, 엄인섭 세 사람 가운데 김기룡을 살해하려고 최재형의 집에 침입했다가 발각되었다.

이 사건으로 최재형과 이범윤의 사이는 더 벌어졌다. 이범윤은 서둘러 최재형과 화해를 시도했으나 최재형은 이범윤 부하의 행동을 러시아 관헌에게 알려 이범윤의 부하 8명이 러시아 관헌에게 체포되었다. 사태가 이에 이르자 이범윤 세력은 1909년 1월에 최재형을 저격하기에 이르렀다.

최재형은 권총 세 발을 맞았으나 다행히 생명이 위독한 상태는 아니었다. 이를 계기로 최재형과 이범윤의 관계는 더욱더 악화되었으며 급기야 최재형은 블라디보스토크에서 자신이 간행하고 있는《대동공보》에 이범윤 세력을 비판하는 글을 실었다.

> 각 지방의 풍설을 듣건대 무뢰배들이 의병이라고 가칭하고 각지 유명한 인사의 성명을 팔아 내 성명을 도용하여 위조 서면을 각처에 전파하여, 인민 다수의 재산을 탈취하여 중도에서 자신의 돈인 양 이를 착복하고 있다 하니 슬프구나. 우리 약한 동포 등이 저 무뢰한에게 기만을 당하여 무한한 해를 입고 있으니, 이후부터 저 잡배의 위조 서면과 애국자라고 자칭하는 자에게 보조금을 주지 마라. 이와 같은 피해는 상호 이를 주의하고 거절하여 징치하기를 바란다.

이범윤 세력의 의병들은 최재형에게 자신들을 보살펴 주지 않는다고 반감을 갖고 천민인 최재형이 양반이며 황족인 이범윤을 모시지 않는다며, 미천한 노비 주제에 재산을 긁어모아 부를 이루긴 했지만 이범윤을 양반 대접을 하지 않는다고 비난했다.

그즈음 일본은 러시아 정부에 압력을 넣어 재러시아 한인들의 의병 활동을 중단하라고 요구했다. 러시아는 재정적 압박으로 러일전쟁에서 승리한 일본에 전쟁 배상금을 지불하지 못했기 때문에 일본은 사사건건 러시아 측에 한인들의 의병 활동을 막아 달라고 압력을 넣었다.

한인 의병들이 조국의 독립을 위해 넘나들었던
국경 부근의 삼림 지역

이에 러시아는 이위종에게 추방령을 내리고 이범윤에게는 현상금까지 내걸었다.

최재형도 1908년 말부터 드러내 놓고 의병 지원을 할 수 없었다. 그러나 최재형은 일본의 방해 공작을 받게 되자, 겉으로는 무장투쟁 노선을 그만두는 것처럼 보이도록 하면서 기회를 엿보고 있었다.

1909년 2월 3일, 최재형은 러시아 관원에게 총기와 탄약 등 원조를 요청했으나 거절당했다. 최재형은 비밀리에 군자금을 모금하여 무기를 구입하고 200여 명의 대원에게 사격 훈련을 시켰다. 러시아 보고서에는 그 일을 아래와 같이 기록하고 있다.

자신의 이름을 어떻게든 역사에 남기고 싶어 하는 표트르 최는 일가친척들의 칭송을 한 몸에 받으며 이미 이범윤과는 별개로 독자적으로 행동을 개시하였다. 그는 요원들을 소집하여 수청과 추풍 각지에서 자신의 편지를 전달하면서 새로운 군대를 조직하는 데 필요한 경비를 보내 달라고 애원하고 있다. 기부금은 각 지방의 한인 마을에서 속속 전달되고 있다. 한 군인의 말에 따르면, 표트르 최는 여러 사람으로부터 적어도 1만 불 이상을 걷어 들이는 데 성공했다고 한다. 그는 이 돈으로 무기와 탄환을 사들이기 시작했다. 현재 그의 휘하에는 무기를 소지한 군인이 100여 명 이상 있으며 부대원 전체는 200명 이상에 이른다. 군인들 중 일부는 얀치혜 아래쪽에 있는 그의 제유소(버터 제조소)에 머물러 있고, 일부는 바라노프스크와 지신허에 있다. 그곳에서 사격 훈련을 실시하고 있다.

이처럼 최재형은 모금을 하고 무기를 사서 의병들을 훈련시켰음을 알 수 있다. 그러나 일본은 외교적으로 러시아를 압박해 한인들의 의병 활동을 하지 못하도록 했다. 실제로 최재형과 밀접한 관계를 맺고 있던 얀치혜 주둔 제6연대 소속 러시아 군인 250여 명이 1909년 1월에 최재형의 의병 사무소로 가서 일체의 총기와 탄약을 압수하고 해산 명령까지 내릴 정도였다.

참고 도서
박환 교수 저《시베리아 한인민족운동의 대부 최재형》
문영숙 저《독립운동가 최재형》

< 26 >

위장 전술로 은밀하게 의병 활동 전개

최재형은 상당히 위축될 수밖에 없었다. 최재형은 러시아의 제재를 받을 것을 미리 알고 있었던 것 같다. 왜냐하면 1908년 12월, 수청에서 의병 500여 명이 얀치혜 지역으로 응원을 오자, 최재형은 얀치혜에 있는 의병 200여 명을 모아 놓고 현재 자금이 부족하고 병력이 적어 잠시 해산한다고 말했다. 이에 수청에서 온 의병들은 국내진공작전을 그만둘 수 없다고 항변했다. 그러나 최재형은 이들의 요구를 받아들이지 않았다.

영산전투에서 참패하고 간신히 살아 돌아온 안중근도 최재형을 찾아갔으나, 최재형은 지원을 거부할 수밖에 없는 처지에 놓였다.

러시아 당국은 귀화한 한인들에게도 징병령을 내리고 징병을 위한 호구 조사를 했다. 이 무렵 중국에서도 의병들을 달갑지 않아 했다. 1908년 11월에는 노령 얀치혜로부터 중국령 양령에 파견되어 있던 의병 200여 명의 부대장 이경화가 청국 군사에 의해 감금되는 사태도 생겼다.

중국 쪽에서 바라본 압록강 건너 북한의 모습

러시아는 점점 더 최재형을 압박하여 의병 운동을 하지 못하게 했다.

러시아 당국에서는 최재형과 그의 추종 세력을 제거하기 위해 아래와 같이 건의한 내용이 있다.

일본 정부와 우리 정부 간에 마찰을 빚지 않고 우리 영토에서 한인들이 정치적인 일을 기도하는 것을 원칙적으로 봉쇄하기 위해 다음과 같은 제안을 드립니다.

1. 경흥시에 있는 조선인 니콜라이 이(이경화)를 강도이자 약탈범으로서 체포하여 일본 당국에 넘겨줄 것.
2. 조선인 망명객 이범윤을 하바로프스크로 추방하고, 그곳 경찰이 감시하에 연금 상태로 억류할 것.
3. 얀치혜 마을의 표트르 최와 지신허 마을의 농민 엄인섭을 블라

고베센스크로 추방하여 1년간 경찰의 감시하에 둘 것.

최재형은 위와 같은 러시아 측의 감시와 탄압에도 1909년 3월, 의병 500명 또는 600여 명을 모집하고 홍범도를 지휘관으로 하여 조선 침입 계획을 세우려고 했다. 그러나 표면적으로는 철저하게 위장했다. 이 사실에 대해 일본 측의 첩보 문서에는 아래와 같이 보고되었다.

> 최재형은 표면상 폭도와 관계를 끊은 것과 같이 가장하나 실은 러시아 관헌에 대하여 총기, 탄약, 기타의 원조를 바라고 지금도 교섭 중이라는 풍설이 있다. 그러나 그가 폭도들의 악감을 사는 것을 두려워하여 모호한 태도를 취하고 있는 (현재 노우키예프스크에 잔류한 폭도는 10명 내외로 그중 다섯 명의 두목은 최재형의 집에서 기거하였다.) 것을 이용하여 두목 등이 적의 세력을 가장하는 예의 유혹 수단에 불과한 것과 같이 최재형은 현재 진실로 폭도에 의지가 없는 것으로 추정된다.

일본의 또 다른 문서도 있다.

> 최재형은 폭도와 관계를 끊으면서 말하기를, 우리가 분기할 기회는 타일 도래할 것이라고 하면서, 그 후 그는 옛날 부하들에 대하여 완화 수단을 취하는 외에 하등 하는 바가 없다. 단, 그가 소위 분기할 시기는 후일에 있다고 하는 것 역시 적도들과 관계를 끊는 일시의 권의 수단에 불과한 것이다.

이처럼 최재형은 여러 가지 풍설과 자신의 말을 통하여 의병 활동을 포기하였음을 강조한 것처럼 가장했다. 그러나 이는 의병 활동을 포기한 것이 아니라, 새로운 준비를 숨기기 위한 위장 전술이었다. 다음과 같은 일본 쪽 기록을 보면 이를 짐작할 수 있다.

동인은 전혀 폭도의 수령을 그만둔 것이 아니다. 그 외관은 전혀 폭도와 관련이 없는 것으로 들어내나, 내면은 그렇지 않다. 현재 얀치혜에 있는 그의 기름 제조소에 있는 동의회원 백규삼 등 7명은 항상 주모자가 되어 각 지방에 연락하고 있다. 최가 그들의 의복을 공급하고 있음이 확실하다. 또 일찍이 강창두 외 2명이 여권이 없으므로 거리사 관헌에게 체포되어 금고되었을 때에도 최재형이 돈을 내어 석방시켰다. 6월 25일 최의 기름 제조소에 있는 주모자 등은 이번 경흥 부근에 강도를 하려고 계획하여 장차 각 지역에 산재한

최재형이 활동했던 얀치혜(현 크라스키노)의 현재 모습

139

잔당 등에게 통보하고자 했던바, 경흥 부근의 정황이 불명하고 아직 시기가 이르다 하여 드디어 통문의 발송을 중지하게 되었다.

이처럼 최재형과 이범윤의 갈등은 1908년 동의회 창립 당시부터 내재해 있었다고 봐야 한다. 그렇지만 최재형과 이범윤은 국내진공작전이라는 대명제를 앞에 두고 서로 단결하여 의병 전쟁을 실행했다. 그러나 의병 활동이 실패하자 결국 두 사람 사이에 내재해 있던 문제들이 하나둘 확대되어 최재형 부대와 이범윤 부대가 점점 적대시하는 관계로 발전해 갔던 것이다.

러시아 자료를 보면 이러한 갈등들이 중복되어 보고되었는데, 표트르 최가 자신의 이름을 역사에 남기고 동족으로부터 영예를 얻기 원한다고 파악하고 있었다. 또한, 이범윤 부대원 중 몇 사람은 최재형의 지원이 끊기자 빈곤해서 최재형의 부대로 넘어왔고, 또 다른 대원 중에서도 거주증을 얻을 수가 없어서 경찰의 추적을 피해 훈춘이나 간도로 달아나서 숨어 지내는 사람들이 많다고 했다. 농촌 마을에서는 최재형의 부대원이라는 증명서를 보여야 안심할 수 있다는 소문도 나돌았다.

참고 도서
박환 교수 저《시베리아 한인민족운동의 대부 최재형》
문영숙 저《독립운동가 최재형》

< **27** >

노비-왕족 출신 신분 갈등 표면화

최재형과 이범윤의 이러한 갈등의 계기는 자금 문제 등 여러 가지가 있지만, 가장 근본적인 것은 신분적 차이에서 비롯되었다고 할 수 있다. 당시 조선 사회는 신분 사회였다. 최재형이 러시아 땅에서 자산가이자 행정가로 자리매김을 했지만, 어쨌든 조선의 관점으로 보면 함경도 태생의 노비 출신일 뿐이었다. 당시 러시아 쪽의 보고서에는 이런 관계를 상세히 기록하고 있다.

조선의 정치적 망명자 이범윤과 얀치혜의 전 촌장이었던 표트르 최는 지난해에 처음으로 잠시나마 함께 활동했습니다. 군자금과 무기를 구입하고 빨치산 대원들을 조직했지만, 이들은 큰 성공을 거두지 못했습니다. 지난해 말에는 부대 전체가 여러 지역으로 분산되었고 지휘자들 간에는 자금 문제로 커다란 반목이 있게 되었습니다. 여기에는 다른 여러 가지 원인도 뒤섞여 있습니다.

그 여러 가지 원인 중 반드시 고려할 여지가 있는 중요한 것은 바로

민족의 영산 백두산 아래 이도백하 마을

그들의 도덕적 측면과 사회적 위치가 비슷하지 않다는 점입니다.

이범윤은 이 씨 가문이라는 조선의 귀족인 양반 출신입니다. 이 가문 출신 중에는 현재 조선 왕조를 통치하는 사람들이 있습니다. 또한, 조선의 모든 유명한 귀족 가문은 서로를 친척으로 여기기 때문에 그 근저에는 여전히 씨족 사회 원칙의 잔재가 남아 있는 것입니다.

이범윤 또한 자신이 왕조의 후예라 생각하고 있으며 외국 신문들도 가끔씩 그의 활동을 소개하면서 그에게 왕자라는 호칭을 부여하고 있습니다. 그는 주로 상하이를 통해 일본인들에 의해 퇴위당한 황제 이희 무리들과 교신하고 있으며 한국인들 사이에서 활동적이며 좋은 가문 출신의 명사로 이름을 얻고 있습니다.

반면에 표트르 최는 천생 종의 자식으로서 조선인의 시각으로는 가장 미천한 계급 출신입니다. 그러나 그는 강인한 성격과 지혜를 겸비한 사람입니다. 촌장으로 일하는 동안 그는 여러 가지 방법으

일제강점기 의병들이 국경을 넘나들며 항일무장투쟁을 벌였던 두만강 상류 마을의 현재 모습

로 막대한 재산을 긁어모았고, 자신이 다스리는 얀치혜 한인들의 자유를 속박하면서 엄중하게 다루었습니다. 또한, 자신을 부유하고 영향력 있는 중요한 존재인 것처럼 자처하면서 우리 정부로부터 수많은 포상을 받기도 했습니다. 한마디로 이 사람은 이민족으로 러시아에서 사랑을 너무 많이 받아 버릇이 나빠진 무원칙의 관리인 것입니다.

– 중략 –

앞서 언급했듯이 자금 문제도 있습니다. 군대를 조직하는 데 필요한 돈을 어딘가로부터 전달받았고 우리 지역 내에서도 막대한 자금이 모금되어 대부분이 최재형의 수중으로 들어가는데, 최는 그 돈으로 블라디보스토크에서 무역 거래를 하거나 고기를 거래하기도 했으며 노우키예프스크에서도 그런 일을 해서 돈을 모았습니다.

– 하략 –

이범윤은 최재형의 추종자인 니콜라이 이(이경화)와 엄인섭의 활동을 무분별한 일본인 어부의 사살, 재산의 약탈 등으로 나쁘게 묘사하면서 애국적인 행동이 아니라 강도 행위라고 신랄하게 비판했다. 러시아에서도 의병 활동을 하는 최재형을 아주 나쁘게 평가한 보고가 있다.

그 내용을 보면 지난해(1908년) 6월에 최는 한인 이주자를 감독하는 책임자로서 투기꾼이나 살인자, 강도 등 소위 그의 수하들이라고 불리는 니콜라이 이와 표트르 엄 – 이자는 최의 친척입니다. – 등으로 구성된 몇몇을 자기 책임 부서에 편제시켰습니다. 이 강도 무리는 두만강 상류를 지나다니며 일본인 초소를 습격했고, 세슈로이 마을에서는 일본인 어부를 죽이고 그들의 재산을 약탈했으며, 그 뒤 온기 마을로 뛰어 들어갔습니다. 가슈케비치 만에서는 일본인 상인들을 죽이고 강도 짓을 했으며, 또한 돌아오는 길에 일본인 초소에 대고 총을 쏘아 댔습니다. 그 총은 장거리용 일제 탄환이어서 크라스노이의 오두막에도 무차별적으로 날아갔던 것입니다. 이러한 습격의 결과로 일본인들이 결국 우리 영토 내의 세슈로이 곳곳으로 도망쳐 오는 것이었습니다. 이곳 주민들은 살해당한 일본인 어부에 대한 일본의 보복과 크라스노이 마을에 대한 사격을 두려워하고 있습니다. 러시아 영토인 나고르노이 마을로 일본군 소대가 이동해 왔고, 블라디보스토크에서 저질러진 최 씨 일당의 강도질과 특히 이런 인물과 함께 일하는 이범윤에 대해서 맹렬한 비난이 쏟아졌습니다. 진정한 애국자들은 약탈을 목적으로 한 이러한 짓들이 결코 애국적인 충동이 아닌 순수한 강도 행위라고 간주하고 있으며, 그 괴수인 최는 물론이고 니콜라이 이나 엄 씨도 모두 추악하기 그지없는 인간들이라고 여기고 있습니다.

이처럼 러시아도 최재형과 그의 부하들의 행동에 나쁜 비판을 쏟아내며 한인들의 의병 활동을 제재했다. 러시아 국적이 아닌 한인들은 말할 것도 없고, 러시아 국적을 가진 귀화인들에게도 의병 활동을 하지 못하게 압력을 넣었다. 이즈음 최재형과 어릴 때부터 의형제를 맺었던 최봉준도 최재형과 갈등을 겪는다. 최봉준은 최재형과 같은 함경북도 경원 출신인데, 상선을 가지고 일본과 무역을 하는 재력가였다.

참고 도서
박환 교수 저《시베리아 한인민족운동의 대부 최재형》
문영숙 저《독립운동가 최재형》

< **28** >

《해조신문》발간한 무역왕 최봉준, 최재형의 의병 활동 맹비난

최봉준은 함경북도 성진(城津)에서 출생하였다. 상선(商船) 준창호(俊昌號)의 선주(船主)로 19세기 말 블라디보스토크로 건너가 한국과 시베리아를 왕래하며, 소(牛)를 무역하여 거부(巨富)가 되었다. 그러나 의병전쟁이 자신의 사업에 상당한 손해를 끼치자 노골적으로 최재형과 의병들을 맹비난했다.

그러나 최봉준은 한인들을 위하여 《해조신문》을 발행하여 민족의식 고취에 노력했던 인물이다.

최봉준과 최재형은 같은 함경도 출신으로 어릴 때 두만강을 건너 러시아로 이주한 후 최재형은 얀치혜에서, 최봉준은 블라디보스토크에서 거부가 되었다.

그러나 1908년 최재형이 조직한 동의회 의병들이 국내진공작전을 감행하자 최봉준은 무역업에 상당한 어려움을 겪게 되었다. 일본군과 의병들 간의 전투로 인해 안전하게 해상을 자유롭게 왕래할 수 없었던 최봉준은 의병들을 비난하면서 그해 12월에는 얀치혜에 찾아와 최재형과 이범윤의 독립운동을 맹비난했다.

또한, 1909년 6월 12일에는 러시아령 핫산 부근에서 촌민들을 모아 놓고 의병을 비난하는 대중 연설을 했다.

연설 내용은 아래와 같다.

어느 한인은 일본에 반항하고 어느 한인은 당국자와 반목하는 자가 있다. 나는 무슨 연고로 반항하고 또 반목할 것인가의 이유를 발견할 수가 없다. 지금 시험 삼아 제군을 향하여 "무슨 연고로 일본에 반항하고, 혹은 당국자와 반목하는가." 하고 묻는 자가 있다면 제군 중에서도 그 이유를 답변하는 자가 없을 것이다. 나는 일본군에 대하여 반항은커녕 그 은혜에 감사하는 사람이다. 왜냐하면 우리 조선이 순연한 독립국이 된 것은 일본국이 일·청, 일·러 양 전쟁에서 거액의 금전과 무수한 생명을 희생해서 바친 결과라고 생각한다. 원래 일본은 우리나라의 개혁 발달을 위하여 극력 진력하고 있는 것은 내가 확신하는 바이다. 이 은의가 있는 일본국을 볼 때, 오해를 하는 사람들이 많다. 이곳에 집합하고 있는 제군 중에서는 이런 오해를 하는 사람들은 필히 없을 것이다. 더욱이 지금 현 세태를 오해하는 자들이 수청, 블라디보스토크 및 얀치혜 지방에 많이 있다. 그들은 자칭하여 의병이라 하지만 사실인즉 폭도들이다. 지금 그 폭도인 것을 예증한다면 작년 이래 각 촌락에 많은 원조금을 모집하였고 인민의 고혈을 짰어도 사실은 하나도 국리민복을 증진했다고 인정할 것이 없다. 또 각출금과 같은 것도 어떻게 소비하였

최봉준이 주로 활동했던 블라디보스토크 항구의 과거와 현재 모습

는지 전연 알 수가 없다. 서수래에서 의병들이 저지른 사건과 같이 그들이 살육한 사람들은 실로 우매한 천민들뿐이다.

일본과 조선의 관계는 순치다. 입술과 이의 사이처럼 입술이 망하면 이가 시리다. 일본과 조선의 교의는 형제다. 아우가 죽으면 형도 고독하다. 이것은 자연의 순리다. 이런 고로 우리 무리는 제군과 함께 그들 소위 의병이라고 하는 것들을 토벌하고 혹은 조선 당국자

최봉준이 말년을 보냈던 연해주 니콜리스크 코르사코프카 도로변에 있는 최봉준의 상선 준창호 기념비

와 협의하여 이 의병의 진압 방법을 정하지 않으면 안 된다.

일본에 대해서는 항상 감사의 뜻을 표하여 조선 당국자에 대하여 그 시설에 찬동하여서 국리민복을 도모함은 인도의 정히 그래야 할 바라고 하겠다.

나는 항상 절대로 반대하는 것은 그들의 소위 의병이라고 하는 것이다. 제군은 의병이 감언으로써 제군에게 임하더라도 제군은 그의 속임수에 넘어가지 말고 각각 업에 충실하게 행하는 지역에 있을 것을 내가 깊이 제군에게 희망하는 바이다.

– 국사편찬위원회,《한국독립운동사 자료》

이처럼 최봉준은 자신을 일본의 은의에 감사하는 사람이라고 강조하면서 의병을 폭도로 규정하는 한편, 의병을 토벌하고 일본국에 대하여 항상 감사의 뜻을 표하여 국민의 복리를 도모해야 함을 강조했다. 또한, 최봉준은 대중 연설에서 한 발짝 더 나아가 러시아 관헌에 최재형의 원조 요구는 절대로 용납할 필요가 없다고 신고하기에 이르렀다.

그 후 최봉준과 최재형 사이는 더욱더 벌어졌다. 최봉준은 김학만, 차석보, 이영춘 등과 협력하여 열심히 의병 활동을 반대하였다. 여러 신문을 통해 의병의 요구에 응하지 말라는 광고를 내고 의병파가 잘못된 점을 설명했다. 또 의병이라고 칭하는 자가 있으면 즉시 그의 주소, 성명 등을 신문에 광고하여 주민들에게 주의를 주겠다고 하면서 최재형의 활동에 대대적으로 반대했다.

그러나 최봉준은 1908년 2월 《해조신문(海朝新聞)》을 창간하여 항일정신과 민족정기를 고취하였다. 당시 러시아에 거주하던 한인들은 구국운동의 일환으로 신문을 간행하기 시작했는데, 1908년 2월 26일에 간행된 《해조신문》이 그 첫 번째였다. 최봉준은 《해조신문》에 안중근의 《인심결합론》을 실어 동포들의 단결을 호소하는 데 동참했다. 그러나 《해조신문》은 일제의 회유와 간섭, 러시아의 압력, 한인 사이의 갈등 등이 복합적으로 작용하여 같은 해 5월 26일 75호로 폐간되고 말았다.

참고 도서
박환 교수 저 《시베리아 한인민족운동의 대부 최재형》
문영숙 저 《독립운동가 최재형》

29

자금난에 허덕이는《대동공보》인수하여 사장으로 취임

《해조신문》은 3개월이라는 짧은 기간 동안 간행되었으나 언론을 통한 계몽과 구국 운동의 틀을 마련하고 해외 거주 한인 민족운동에도 상당한 영향을 주었다.

논설이나 역사 연재 등 격렬한 항일 구국의 내용을 담아냄으로써 애국 독립운동 진영을 고무하는 데 공헌했다. 계몽적이면서도 재러 한인의 안정적 정착을 위한 단합과 구체적 실천 사항 등을 강조하고, 국내 정치 상황에 관한 평론과 민족의식 고양에 많은 지면을 할애하여 러시아뿐만 아니라 선편으로 원산항을 거쳐 당시의 경성(京城)·원산·인천·평양 등에 설치된 지국을 통해 배포하였다.

그러나 《해조신문》이 국민에게 상당한 영향을 준다고 판단한 일제 통감부는 이완용 내각을 압박하여 1907년 7월에 제정된 '신문지법(新聞紙法)'을 이듬해 4월에 고치면서 《해조신문》 국내 판매 금지 및 신문 압수에 나서는 한편, 최봉준의 무역 활동까지 방해하였다. 아마도 최봉준은 이러한 이유로 의병 활동을 비난했을지도 모른다.

연해주 지역 최초의 한글 신문인 《해조신문》(왼쪽)이 폐간되고
최재형이 사장이 되어 재간행된 《대동공보》(오른쪽)

《해조신문》이 폐간되자 이 지역에서 최재형을 중심으로 활동하던
유진률, 차석보, 문창범 등은 신문의 재간을 위해 노력했다. 특히 유진
률은 1908년 5월 28일 자로 연해주 군무지사에게 《대동공보》의 간행
을 허락해 달라고 청원하였다.

드디어 신문을 간행해도 좋다는 허가가 떨어진 직후 1908년 8월
15일 제1차 발기인 총회를 개최하였다. 그 회의에서 유진률, 차석보,
문창범 등 35인이 발기하여 신문을 간행하기로 결정하였다. 이에 《해
조신문》의 사장이었던 최봉준으로부터 인쇄기, 활자 등 신문 간행에
필요한 제반 기계를 구입하기 위해 자본금을 모으기로 했다. 같은 해
9월 1일에 창간호를 내기로 했으나, 자금이 여의치 않아 지연되던 중
발기인 가운데 한 사람인 차석보의 담보로 최봉준으로부터 인쇄 시설

등을 구입했다.

드디어 1908년 11월 18일에 창간호를 간행하고 신문사의 주요 간부를 임명하였다. 사장에는 활자 및 기계 구입에 노력한 차석보가, 발행인 겸 편집인은 유진률이, 주필은 윤필봉이, 회계는 이춘식이, 지방계는 박형유, 기자는 이강, 발행 명의인은 러시아인 미하일로프가 각각 담당했다.

그러나 《대동공보》는 1909년 1월 20일에 재정 문제로 한 달여 동안 신문이 간행되지 못하자 최재형을 중심으로 유진률, 이상운, 박인협, 차석보, 고상준 등이 발기하여 1909년 1월 31일 특별 회의를 개최하였다. 이 회의에 참석한 70여 명은 《대동공보》를 다시 발간하기로 결정하고 앞으로 할 일을 다음과 같이 공포하였다.

1. 본사에서 새로 선정한 임원은 사장에 최재형, 부사장에 이상운, 발행인에 유진률, 총무에 박인협을 임명한다.

2. 본사에서 모금을 거두는 데 편의함을 위하여 매달 5원씩 받되 매달 초 1일에 받게 한다.

3. 본사에서는 주필 미하일로프 씨의 성의를 치하하기 위하여 본사 사장 이하 각 임원들이 모여 연회를 열고 미하일로프 씨를 청하여 치하하는 글을 써 주었다. 주필 미하일로프가 재정난을 알고 월급 100원을 받지 않고 명예로 업무를 시작한다.

4. 본사에서 신문 기계와 잡물을 매입하는데, 기금은 차석보에게 대용하고 매달 100원씩 감보하기로 한다.

윗글에 나타난 것처럼 최재형은 《대동공보》 사장이 된 후 1909년 3월 3일부터 신문을 재간했다. 이후 《대동공보》의 내용은 이전보다 강한 항일적 성격을 띠게 되는데, 그것은 과격파로 알려진 최재형이 사장이 되었기 때문으로 보인다.

최재형은 《대동공보》 논단을 통해 항일의식을 고취하면서 재러 한인 사회의 여러 가지 소식들과 러시아 총독의 정책들을 한글로 실어 한인들의 눈과 귀 역할을 했다.

한편 안중근 부대가 영산전투에서 참패한 후 의병 세력이 급격히 약화되자, 안중근은 한인 마을을 돌며 다시 의병 규합을 호소했다. 블라디보스토크에서는 동포들이 환영 잔치를 준비했다. 안중근은 패한 장수가 무슨 환영을 받겠느냐며 거절했지만, 동포들은 한 번 이기고 한 번 지는 것은 군인이면 늘 있는 일인데 무엇이 부끄러우냐며 살아 돌아왔으니 당연히 환영을 받아야 한다고 위로해 주었다.

안중근은 하바로프스크로 가서 기선을 타고 헤이룽강을 거슬러 상류까지 수천 리를 여행하며 한인 유지들을 방문하고, 수찬 지방에서는 교육에 힘쓰며 다시 의병을 일으켜야 한다고 호소했다.

안중근이 어느 산골짜기에 이르렀을 때였다. 흉악한 자들 예닐곱 명이 갑자기 뛰어나와 안중근을 잡아 묶으며 소리쳤다.

"의병 대장을 잡았다!"

그 사이 안중근과 함께했던 두 사람은 재빨리 도망쳤다. 흉악범들은 안중근을 죽여야 한다며 끈으로 묶고 매질을 했다. 안중근은 침착하게 큰 소리로 말했다.

"너희가 나를 여기서 죽이면 무사할 줄 아느냐? 나와 함께 있던 두 사람이 도망쳤으니, 그들이 곧바로 나의 동지들에게 알려 너희들을 모조리 잡아 죽일 텐데 그래도 나를 죽이겠느냐?"

흉악범들은 안중근의 기세에 짓눌려 귓속말로 속삭이더니 김가라는 사람이 안중근을 산 아래로 끌고 가서 풀어 주었다. 그들은 매국 단체 일진회의 일원들이었다. 안중근은 그해 겨울을 보내고 다시 최재형이 사는 얀치헤로 돌아왔다.

참고 도서
박환 교수 저《시베리아 한인민족운동의 대부 최재형》
문영숙 저《독립운동가 최재형》
문영숙 저《안중근의 마지막 유언》

30

단지동맹 후 대동공보사에서
하얼빈 의거 모의 연습하는 안중근

1909년 2월, 안중근은 얀치혜 하리 최재형의 집에서 열한 명의 동지들과 왼쪽 네 번째 약지를 잘라 단지동맹을 결성했다. 단지동맹의 결의는 이토 히로부미와 이완용을 처단하겠다는 의지를 담아 태극기에 약지를 자른 피로 대한독립(大韓獨立)이라 쓰고, 3년 이내에 그 뜻을 이루지 못하면 자결하기로 맹서했다.

한편 3월 3일에 재간한 《대동공보》 1면에는 《대동공보》를 한글과 한자로 적어 넣고 지구 위에 닭이 우는 형상을 그려 넣었다. 또한, 러시아어로 《대동공보》라고 쓰고 닭의 그림 위에 단군개국 사천이백사십일년 십일월 십팔일 창간이라고 기록했다. 신문 내용에는 《사기》, 《동국사략》, 학부 가정 교육, 《농학입문》 등을 게재해서 재러 한인의 민족의식 고취에 그 전보다 더욱 적극성을 보였다.

대동공보사는 처음에 사무소를 블라디보스토크 한인 거류지 제 600호로 정했다. 그 후 1909년 5월에는 블라디보스토크 한인 거류지

469호로 이전했다가, 1910
년 4월 24일에는 다시 블라
디보스토크 까레이스카야 67
호로 옮겼다.

《대동공보》는 일요일과 수
요일 매주 2회 간행하다가
1909년 5월 30일부터는 신
문을 확장하면서 일요일과
목요일에 간행하였다. 신문의
지면도 4면으로 했지만, 때에
따라 중요한 일이 있을 때는

안중근 장군의 동생 안정근이 안중근 장군의
단지동맹을 기념하기 위해 제작한 엽서

6면을 간행하기도 했다. 처음에는 각 면이 6단이었으나 1909년 5월
23일부터 8단으로 바꾸었다.

안중근은《대동공보》와 밀접한 관계가 있었다. 특히《대동공보》주
필 이강과는 특별한 사이였다. 이강은 미국에서 독립운동을 이끌고 있
던 안창호 선생이 연해주의 동포들을 위해 뽑아 보낸 신민회 사람이었
다. 이강이 이끄는《대동공보》편집진은 안중근을 취재원으로 삼아 하
얼빈에 접근할 수 있는 신분을 확보해 주고 국내진공작전에 참가했다
가 일제에 체포되어 옥고를 치른 우덕순을 수금원으로 받아들여 안중
근과 나란히 이토 히로부미(伊藤博文) 포살의 길을 떠나게 한다.《대동
공보》는 이토 히로부미의 하얼빈 방문을 알려 주기 위해 전보로 연추
에 있던 안중근을 불렀다. 총기를 구해 주고 자금 조달처까지 일러 준

대동공보 주필 이강

뒤 블라디보스토크 역두에서 마지막으로 두 의사를 보낸 것도 《대동공보》의 사주 유진률과 주필 이강이었다.

안중근 소설 《불멸》을 쓴 이문열 작가는 2016년 '평화 오디세이' 글에서 다음과 같이 유추했다.

황해도 의병장 이진룡과 안중근이 만나게 되는데 이진룡은 의암 유인석의 제자로서 의병의 무기를 구매하러 해삼위로 나왔다가 군자금 상당 부분을 안중근에게 강탈당한다. 안중근 일행 세 사람이 멀리 하얼빈까지 가서 이토 히로부미를 죽일 때까지 필요한 자금으로 쓰겠다는 명목인데, 아무래도 조작 냄새가 난다. 체코 여단에서 흘러나온 신식 장총이라도 몇 자루 구해 볼까 하고 블라디보스토크에 잠입한 이진룡을 누가 알아보았으며, 그 군자금을 뺏어 거사 자금으로 쓰라고 누가 안중근에게는 일러 주었고, 이진룡은 또 왜 그렇게 허술하게 군자금을 간수하다 빼앗겼을까. 어쩌면 나중에 안중근 의사에게 거사 자금을 대었다는 추궁을 피하기 위한 자작극은 아니었을까.

냉정히 살펴보면 안중근 의사를 둘러싼 공교로운 우연과 기연의 연쇄는 끝이 없다. 분명 처음과 끝이 가지런하게 이어진 것은 아니지만, 안중근 의사의 눈부신 거사 뒤에는 집단혼이나 민족정신이라고밖에 표현할 수 없는 어떤 거대한 민족적 에너지가 일사불란하게 작동하고 있었다. 안중근 의사의 순수하고도 불꽃 같은 영혼을 조금도 손상시키지 않을 우리 내부의 일치와 단합이 그때의 연해주 조선인들을 지배하는 내부적 규율이었던 것은 아닐까.

일본 외교사료관 이토 공 만주 시찰 문건 1
김월배 발굴

최재형의 다섯째 딸 올가의 회상기에는 다음과 같이 언급하고 있다.

부친은 한인들의 민족 해방 운동을 지휘하셨으며 빨치산과 민족 혁명가들과도 인연을 맺고 계셨다. 그중 한 분은 노우키예프스크촌의 우리 집에서 잠시 사셨다. 그분의 이름은 안응칠 또는 안 의사였을 것이다. 그분은 테러 행위를 준비하셨다. 벽에 사람을 3명 그려 놓고 사격 연습을 하셨다. 얼마 안 있어 그이는 하얼빈으로 떠나가셨는데, 한 일본인 사령관을 살해하고 일본에 죽임을 당하셨다. 부인과 자식들을 남겨 놓으셨다. 그들이 우리 집에 올 때마다 어머니는 음식을 대접하셨고 헌 물건을 주셨다.

안중근의 하얼빈 의거는 대동공보사에서 은밀하게 추진되었고 그 배후에 최재형이 있었다. 안중근 의사가 뤼순 감옥에서 끝까지 밝히지 않은 배후 인물로 일본에서도 최재형을 지목하고 집요하게 밀정을 따라 붙인 사실을 보아도 알 수 있다. 이 때문에 안중근 의사는 철저하게

러시아 크라스키노에 세워진 단지동맹비

배후를 밝히지 않고 최재형을 보호하는 것이 연해주 독립 단체를 보호하는 것이라 여겼을 것이다. 최재형은 하얼빈 의거가 엄밀히 따져 중국 땅도 아니고 러시아 땅도 아닌 러시아 조차지 하얼빈에서 이루어졌기 때문에 국제법을 적용해 재판을 받으리라는 것을 확신하고 안중근 재판에 대비해서 대동공보사에 있는 미하일로프 변호사를 준비시켜 놓았던 것이다. 따라서 안중근이 일본 법에 따라서 불법 사형을 당하리라고는 생각지 않았고, 최재형은 자신이 보낸 변호사가 안중근의 변호를 맡을 수 있을 것으로 생각했을 것이다. 그러나 일본은 최재형이 보낸 미하일로프도, 영국인 변호사 더글라스도 일본어가 통하지 않는다는 이유를 들어 변호를 허락하지 않았다.

참고 도서
박환 교수 저 《시베리아 한인민족운동의 대부 최재형》
문영숙 저 《독립운동가 최재형》

< 31 >
안중근 하얼빈 의거 특집 보도, 안중근 순국 후 그의 가족을 돌보다

최재형은 《대동공보》를 통해 안중근 의사의 하얼빈 의거가 일어난 지 이틀 뒤인 1909년 10월 28일, 의거 기사를 특집으로 보도했다. 그 후에도 《대동공보》에서는 안중근 의사의 의거 정황들에 대한 기사들을 계속 내보냈다. 그 때문에 당연히 일본에서는 이러한 《대동공보》를 감시하면서 최재형을 주시하고 있었다.

안중근 의사는 뤼순 감옥에서 재판 내내 자신은 대한의군 참모중장의 자격으로 적의 수장 이토 히로부미를 처단했으니, 〈만국공법〉에 의해 포로로 대우할 것을 일관되게 주장했다. 그러나 일본은 일본 변호사, 일본 법정, 일본 법에 따라 안중근 의사를 단순 살인죄를 적용해 사형시켰다.

그 후 안중근의 어머니 조마리아 여사와 안중근의 아내와 아이들, 그리고 안 의사의 동생들은 연해주로 망명했다. 실제로 안중근 의사의 동생 안정근은 우수리스크에 살았다. 1911년 2월에 작성된 일본의 첩보 자료는 안 의사의 동생인 안정근, 안공근이 최재형이 사는 얀치혜

러시아 연해주 니콜리스크에서 찍은
안중근 장군 모친 조마리아 여사(둘째 줄 왼쪽에서 세 번째 하얀 옷)의 수연 기념 사진

에 빈번하게 출입하고 있으며, 안 의사의 처자가 지금 얀치혜 최재형 집에서 쉬고 있다고 보도하고 있다. 또한, 1912년에도 안 의사의 부인 과 어머니가 아이들과 함께 우수리스크에 있는 최재형 선생의 집을 방 문하였다는 보고가 있다. 또한, 최재형 선생의 딸 올가의 기록에도 자 신의 어머니가 안중근 의사의 아내와 아이들에게 음식과 옷가지를 주 었다는 것으로 보아 최재형은 안중근 의사 순국 후에도 계속해서 안중 근 의사의 가족들을 보살폈음을 알 수 있다.

한일병합을 코앞에 둔 1910년 8월 20일 자《대동공보》는 무력하 게 일제에 침탈돼 가는 조국의 운명을 직시하면서, 우리가 해야 할 유 일한 일은 '피를 흘리는 방법뿐'이라고 절규하였다. 또한, 기록을 보면 최재형은 노우키예프스크 한족민회장(韓族民會長)으로서 한인들에게 많은 도움을 주었다. 그리하여 당시 연해주에 거류하는 재한인으로서 최재형의 원조를 받지 않은 자가 거의 없었다고 한다. 그는 이 같은 활동 중에도 노우키예프스크에 한인 학교를 설립하여 인재 양성에 진력하는 한편, 유류 제조소를 두어 경영하였다. 이 제조소에는 교포 인부 약 1백여 명을 채용하고 있었는데, 이들은 모두 일단 유사시에는 항일 단체인 의병으로서 무장투쟁을 전개하였다고 밝히고 있다.

그 후 일본은 1910년 8월 29일 한국을 병합했다. 이미 일본 제국은 한국 병탄 방침을 1909년 7월 6일 내각 회의에서 확정해 놓고 있던 상태였다.

1905년 6월 러·일 강화회의가 열리게 되자, 그해 7월 루스벨트 대통령의 직접 지시를 받은 태프트는 필리핀 방문 전에 일본에 들러 가쓰라와 만나 미국의 대필리핀 권익과 일본의 대조선 권익을 상호 교환 조건으로 승인하였다.

밀약 내용은 첫째, 미국과 같은 친일적인 나라가 필리핀을 통치하는 것이 일본에 유리하며 일본은 필리핀에 대해 어떠한 침략적 의도를 갖지 않으며, 둘째, 극동의 평화 유지는 일본·미국·영국 정부의 상호 양해를 달성하는 것이 최선의 길인 동시에 유일한 수단이며, 셋째, 미국은 일본이 한국에서 보호권을 확립하는 것이 러일전쟁의 논리적 귀결이며 극동의 평화에 직접 공헌할 것으로 인정한다는 것이었다.

이 비밀협약은 20세기 초 미국의 동아시아 대륙 정책의 기본 방향에서 나온 것으로, 미국은 러시아와 일본 간에 포츠머스강화회담이 열리기에 앞서 이미 한국에 대한 태도를 밝혔던 것이다.

즉, 러일전쟁이 발발한 후 루스벨트 대통령은 '1900년 이래 한국은 자치할 능력이 없으므로 미국은 한국에 대한 책임을 져서는 안 되며, 일본이 한국을 지배하여 한국인에게 불가능했던 법과 질서를 유지하고 능률 있게 통치한다면 만인을 위해 보다 좋은 것이라고 확신한다.'라고 피력하고 일본의 조선 지배를 승인하였다.

이 비밀협약으로 미국의 한국 문제 개입의 가능성을 배제한 일본은 같은 해 8월에 제2차 영일동맹, 9월에 포츠담 조약을 체결함으로써 한국에 대한 국제적 지배권을 획득하였다. 이를 바탕으로 일본은 조선에 대해 일찍이 을사조약을 강요했으며 미국은 이를 적극적으로 지지했다.

이 밀약의 내용은 1924년까지 양국이 극비에 부쳤기 때문에 세상에 알려지지 않았다.

한일병합 후 많은 애국지사들이 울분을 참지 못해 자결했다. 러시아에서는 최재형과 가장 밀접하게 구국 운동을 펼쳤던 이위종의 아버지이자 러시아 공사인 이범진이 자결했고, 국내에서도 충정공 민영환, 매천 황현 선생 등 전국적으로 애국지사들의 울분이 들끓었다.

한일병합 이후 최재형도 점점 운신의 폭이 좁아 들었다. 일본은 최재형을 러시아의 손을 빌려서 처치하기로 결정하고 첩보원들을 동원했다.

참고 도서
박환 교수 저 《시베리아 한인민족운동의 대부 최재형》
문영숙 저 《독립운동가 최재형》

< **32** >

일본의 첩자 함정에서 벗어나
권업회 창립 총재로

1910년 8월 29일, 일제는 한국을 강제로 병합하였고 합병 선언 다음 날인 8월 30일 연해주에서 13도의군(十三道義軍)의 지도자 42명을 체포하였다. 러시아 당국은 이 가운데 이범윤 등 7명을 이르쿠츠크로 추방하였다. 이들에게 부과된 죄목은 이들이 니콜리스크 우수리스크 군수를 살해할 모의를 했다는 것이었다. 이는 물론 일제가 날조한 거짓 문서에 근거한 것이었다.

최재형은 1910년 12월, 이종호와 함께 연추에 국민회를 설립하고 회장에 취임하였고 자신의 주택을 국민회 본부 사무실로 제공하였다. 당국의 허가를 받지 못해 비밀로 조직된 국민회의 목적은 학교 설립과 교육의 장려, 인재 등용, 국권 회복 등이었다. 주요 간부는 채두성(蔡斗星), 황병길, 오주혁 등이었다.

1911년 초, 일제는 항일운동에 적극적으로 참여하는 최재형을 러시아의 손을 빌려 처치하기로 했다. 일본은 첩보원들의 도움을 받아 최재형을 제거하기 위한 음모를 꾸몄는데, 최재형이 일본 정권과 비밀 관계를 갖기 시작한 것처럼 거짓 정보를 날조하였다. 헤이룽강 연안 군관구 참모장은 최재형에 대한 정보를 조사하기 위해 연해주 군정총독인 스베친에게 아래와 같이 통보하였다.

참모부에 들어온 정보에 의하면, 노우키예프스크에 거주하는 그 지역의 가옥 소유자이자 얀치혜 마을의 도헌인 최는 굉장히 위험하고 수상한 사람으로서 일본 정부와 비밀스러운 관계를 갖고 있을지도 모른다고 합니다. 조선의 천대받는 계층 출신으로서 결국 러시아 경내로 옮겨온 최는 그가 자기 조국에 거주할 때 받았던 모든 능욕에 대해 자신의 동족과 자신의 국가를 상대로 복수를 하기 시작했다는 보고가 들어왔습니다. 최는 러일전쟁이 종결됨에 따라 도쿄에 가서 반년쯤 거주하였고, 이때 최는 일본 정권과 비밀 회담을 가졌다고 합니다. 이 여행에서 돌아온 최는 가난하고 억압받는 조선 국민들을 동정하는 척하면서 새로이 발생한 빨치산 운동의 선두에 서고자 노력하였고 곧 이에 성공했습니다. 이 모든 것은 빨치산들이 바로 최에 의하여 일본인들에게 넘겨지는 사태로 몰고 갔으며 이제는 조선인들이 최를 다른 눈으로 보도록 만들었다고 합니다.

　　— 박환 교수 저 《시베리아 한인민족운동의 대부 최재형》에서 발췌

윗글에서 보는 대로 최재형은 러일전쟁 후 일본에 있던 박영효의 초청으로 약 6개월간 일본에 머문 적이 있었다. 일본은 이러한 사실을

교묘하게 이용하여 최재형을 제거하려고 했던 것이다. 일본은 위 내용대로 연해주 지방 행정부에 최재형을 러시아에서 추방할 것을 청원하였다. 그러나 연해주 지방 행정부는 최재형을 추방하는 데 반대하여 최재형을 러시아에 남게 하기로 결정하였다. 우수리스크 철도국 경찰국장 세르바코프는 조선 애국자들의 추방에 강하게 반대하면서 연해주 군정총독 스베친에게 다음과 같은 편지를 보냈다.

> 나는 조선인 최가 아주 믿을 만한 진실한 애국자라는 것을 잘 압니다. (……) 일본은 러시아 정권과 조선인들 앞에서 자기네들의 비위에 맞지 않는 인물들에게 치욕을 주는 전술로 작년에 빛나는 성공을 거두었습니다. 그들은 또 똑같은 방법으로 최를 제거하려 하고 있습니다. 즉, 일본은 러시아의 손을 빌려 자기들의 적을 박멸하려는 것입니다. 일본의 적 중 하나가 바로 최인데, 그는 자금을 소유하고 있으면서 빨치산 운동을 비밀리에 행함으로써 증거를 내보일 수 없게 하였으므로 최는 일본인에게 손꼽히는 적입니다. 일본인들은 그를 매수하려고 하였으나 성공하지 못했습니다.

우수리스크 철도 관리국 헌병경찰대장인 쉬체르코바는 연해주 군정순무사 스베친에게 보낸 편지에서 일제의 간계를 폭로하고 자기가 잘 알고 있는 최재형은 러시아의 의심할 바 없는 충성스러운 애국자라고 주장했다. 포시에트 구역 경찰서장 역시 최재형 선생은 러시아 관리들은 물론 모든 주민의 사랑과 존경을 받는 인물이라고 옹호했다.

최재형은 1주일 동안 조사를 받고 석방되었다. 그러나 추방은 면했

우수리스크 철도국 경찰국장 세르바코프가 '최재형은 존경받는 인물'이라고 언급했던 곳인
포시에트 항구의 현재 모습

지만 연추 도헌직에서 물러나야 했다. 일본은 일본 첩자로 추방될 최
재형을 일본으로 실어 가기 위해 기선을 블라디보스토크에 대기시켜
놓았다고 한다.

1910년 일제의 한국 병합으로《대동공보》가 폐간된 이후에 한인들
은 그 후속 신문의 발간을 위해 노력하였다. 최재형은《대양보》발간
이 결정되자 사장직에 취임해서 이종호와 함께 신문 발간 비용을 분담
하기로 하였다. 그러나 안
타깝게도《대양보》는 인쇄
기가 분실되면서 지속적
으로 발간되지 못하였다.

도헌(군수) 퇴임 시 동포들이 최재형에게 준 금장 시계

그 후 1911년, 최재형은
러시아 정부의 공식적 허
가를 받아 한인의 실업과

홍범도 장군

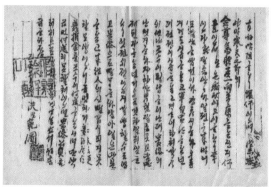

러시아 정부의 공식 허가를 받아 한인의 실업과 교육을
장려할 목적으로 설립한 권업회 취지서

교육을 장려할 목적으로 합법적 단체인 권업회를 발기하였다. 1911
년 6월 1일, 57명의 대표가 참석한 권업회 발기회에서 최재형은 발기
회장으로, 홍범도 장군이 부회장으로, 총무 김립, 서기 조창호, 재무 허
태화 등이 간부로 선출되었다. 러시아 당국의 공식 인가를 받은 권업
회 공식 창립대회는 1911년 12월 17일이었다. 창립대회에서 도총재
(都總裁) 유인석(柳麟錫)에 이어 김학만, 이범윤과 함께 최재형은 총재로
선출되었다.

참고 도서
박환 교수 저《시베리아 한인민족운동의 대부 최재형》
문영숙 저《독립운동가 최재형》

33

권업회 발기위원회 회장으로서
경제·항일 두 축의 중추적 역할

1911년 6월 1일, 러시아 블라디보스토크 신한촌 조창호의 집에서 권업회의 발기회가 개최되었다. 발기회에서는 임시 임원을 선출하였는데, 최재형이 회장에 선출되었고, 부회장은 홍범도, 총무 김익용, 서기 조창호, 재무 허태화, 의원 김 그리고리, 엄인섭, 유기찬, 오창환, 조장환, 김기룡, 김태봉 등이었다. 권업회 발기회의 주요 인물이 거의 함경도파였는데 함경도파의 모임인 함북청년회 회원인 이종호, 김익용, 강택희, 엄인섭 등이 합류하였다. 회장인 최재형과 부회장 홍범도, 총무 김익용도 함경도 출신이었다.

홍범도 장군 가족

권업회의 발기인들은 의병 활동과 애국계몽운동에 적극적이던 최재형과 의병장으로 널리 알려진 홍범도가 중요한 위치에 있었다. 권업회는 애국계몽운동 계열과 의병 계열의 연합 단체로 볼 수 있다. 권업회는 또 지회 권유 위원을 두었는데 노우키예프스크, 니콜라예프스크, 리포, 수청 등지에 권유 위원들을 파견하고 이종호, 홍병일 등에게는 러시아 관청에 교섭하게 하여 러시아 극동 총독 곤다치의 공식 허가를 받도록 노력했다.

곤다치 총독

한편 한인들에게 매우 나쁜 정책을 폈던 운텐베르게르 총독의 후임으로 1911년에 부임해 온 신임 극동군관구 군사령관 곤다치 총독은 한인들에게 매우 우호적이었다. 곤다치 총독은 '이주 한인들에게 러시아는 제2의 조국이며, 러시아 땅에 정착한 한인들에게 러시아 국적을 부여하는 것은 향후 한인들에 관한 문제에서 일본 정부의 개입 가능성을 줄일 수 있는 방법'이라는 점을 들어 한인에 대한 러시아 국적 발급을 적극적으로 지지하였다.

한인에 대한 러시아 국적 부여 문제는 1911년에 허가되었다. 이후 곤다치 총독은 1912년 2월 23일 신한촌을 방문하였는데, 3천여 명의 한인들이 성대한 환영식을 거행하였다. 곤다치는 한인들에 대한 연설에서 한인들이 도덕적이며 온화한 품성을 가졌다고 칭찬하고 사회적·교육적·문화적 활동을 지원하겠다고 약속했다. 곤다치는 권업회 인가에 대한 감사의 뜻을 표하기 위해 방문한 이상설, 이종호, 정재관, 한형권 등 권업회 대표단에 권업회 명예 회원으로 입회할 것을 약속했다.

권업회 발기회는 1911년 7월 3일, 블라디보스토크의 청년들이 만

권업회 임원록

든 청년근업회와 합쳐 그 세를 확장시켰다. 곧바로 임시 임원에서 정식 임원 개선을 했는데, 회장 최재형, 총무 김익용, 서기 이근용, 김기룡, 재무 김 와실리, 의원 김규섭, 김형권, 한형권, 이형욱, 김치보, 조창호, 신문부원 이종호, 유진률 등이었다. 주요 간부가 된 회장 최재형, 의원 김규섭, 신문부 유진률 등이 청년근업회에서 간행하는 신문《대양보》의 주요 인물이었다.《대양보》는 1911년 6월 18일 러시아 당국으로부터 유진률을 발행인, 신채호를 주필로 간행을 인가받았으나 재정난에 허덕이는 것을 최재형이 돈을 내어 발행할 수 있었다.《대양보》사장이었던 최재형이 권업회 발기 때부터 줄곧 회장에 취임한 것을 보면 최재형의 노력으로 이들 두 단체가 연합한 것으로 여겨진다.

권업회는 발기회의를 마친 후 청년근업회의 재정과 근업회에서 발행하던《대양보》도 인수하였다.

이처럼 권업회는 점차 그 세력을 확장하여 블라디보스토크 지방 재판소로부터 단체의 설립 허가를 받고, 1911년 10월 24일에 러시아 연해주 지역 한인 농민인 홍 빅토르 세르그페비치, 김 야코브 이바노비치, 홍 바벨 파블로비치, 안 라만 이바노비치, 김 인노겐치 이바노비치 등 5명의 명의로 연해주 군지사에게 권업회의 공식 허가를 요청하였다. 러시아 당국에서는 한인들을 효과적으로 관리하기 위해 이를 적극적으로 받아들였다.

1911년 12월 19일, 러시아 연해주 지역의 동포들은 재러 동포들의 권익과 조선의 독립을 위하여 블라디보스토크 신한촌 내 한민학교에서 권업회의 공식적인 창립총회를 개최하였다. 창립총회에서 임원을 선거했는데, 의장 이상설, 부의장 이종호, 총무 김익용, 한형권, 재무 김기룡, 서기 이민복, 의원 이범석, 홍병환, 김만송 등이 선출되었다. 이 외의 특별임원에는 최재형, 류인석, 이범윤, 김학만, 최봉준 등이 선출되었는데, 이들은 권업회를 발기한 중심인물인 것으로 보인다.

이 단체는 러시아에서 당국의 공식 인가를 받고 조직한 최초의 한인 단체였는데, 최재형이 그 중심에 있었다.

한편 권업회는 연해주의 러시아인 주요 인사들을 명예 회원으로 가담시켰는데, 연흑룡주 총독 곤다치를 위시하여 연해주 군지사 마나킨 장군, 블라디보스토크 연구 기관 교수인 포드스타빈, 러시아 정교 주교감독국의 기관 비서 포라노브스키, 블라디보스토크 자치 기관 회원이며 퇴역 참모부 준대위인 듀코프 등이다. 이들을 끌어들인 것은 최재형의 탄탄한 러시아 인맥이 밀접하게 작용했을 것으로 보인다.

참고 도서
박환 교수 저《시베리아 한인민족운동의 대부 최재형》
문영숙 저《독립운동가 최재형》

< 34 >

침체된 권업회 회장에 취임,
주필 신채호와 《권업신문》 발행

1912년 4월 4일에 권업회 정기총회가 개최되었다. 총회에서는 교육, 종교, 농업 권장, 노동 소개, 금융 등과 함께 주요 사업으로 신문을 간행하기로 했다. 최재형은 총회를 마치자마자 곧바로 4월 7일에 《권업신문》 인가장을 러시아 당국에 접수했다.

《권업신문》

《권업신문》은 1912년 4월 22일에 제1호가 석판 인쇄로 창간되었다.

《권업신문》은 순 한글로 간행되었으며, 1주일에 1회 4면으로 매주 일요일에 발행되었다. 《권업신문》의 구성으로는 논설, 각국 통신, 전보, 본국 통신, 잡보, 광고, 기서 등으로 나누어 보도했다. 특히 이 가운데 주목되는 것은 논설과 잡보인데, 논설에서는 권업회의 주장을 중심으로 썼고 잡보에서는 재러 한인의 동향을 게재하였다.

《권업신문》은 필사로 발행했는데, 재정은 주로 최재형과 이종호에게 의지하였다.

《권업신문》 주필 신채호

그 밖에 기부금, 광고료, 구독료 등이 재원이 되었다.《권업신문》에 참여한 주요 인물로는 신채호, 이상설, 윤해, 김하구, 장도빈 등을 들 수 있으며, 이들은 대부분 국내외에서 언론에 종사했던 사람들이었다.

신채호는 1880년 충청남도 대덕군 정생면에서 출생했다. 신채호는 할아버지 신성우(申星雨)로부터 한학을 익혔고, 1897년에 신기선(申箕善)의 추천으로 성균관(成均館)에 들어가 1905년에 성균관 박사가 되었으나 그해 을사조약이 체결되자 관직에 나갈 뜻을 포기하고 낙향하였다.

신채호는 1905년《황성신문(皇城新聞)》에 논설을 쓰다가 이듬해《대한매일신보(大韓每日申報)》 주필로 활약했다. 이후, 민족 영웅전과 역사 논문을 발표하여 민족의식 고취에 노력했다. 1907년에는 항일 결사 조직인 신민회(新民會)와 국채보상운동(國債報償運動) 등에 가입해 다수의 글을 발표했다.

1910년 4월 신민회 동지들과 협의 후 평안북도 오산학교를 거쳐 중국 칭다오(靑島)로 망명했고, 그곳에서 안창호(安昌浩), 이갑(李甲) 등과 독립운동 방안을 협의하고 활발하게 독립운동을 전개하고 있는 블라디보스토크로 건너가《권업신문》에서 활약하게 되었다.

《권업신문》에서는 무장투쟁을 강력히 주장하지 않았다. 일본을 피해 가기 위한 방식이었지만《권업신문》에 종사하고 있는 사람은 누구나 할 것 없이 항일정신이 투철한 사람들이었다. 겉으로 무장투쟁을 주장할 수 없었던 이유는 1910년 일제의 조선 강점 이후부터 1914년 제1차 세계 대전이 발발하기 전까지의 시대적 상황을 고려하지 않을 수 없었다. 또한, 러시아와 일본의 관계, 연흑룡주 총독인 곤다치의 대조선인 정책도 고려해야 했다.

《권업신문》의 내용은 크게 두 가지로 나누어 볼 수 있는데, 첫 번째는 재러 한인의 권익 옹호에 대한 부분과 민족 문제에 관한 것이었다. 이와 관련해서 한인들의 농작지 개척 활동, 국적에 대한 청원 활동 등을 들 수 있다. 특히 민족 문제에 관해서는 재러 한인들의 계몽운동과 민족의식 고취 등에 대한 기사들을 많이 실었다.

그러나 권업회는 각 지방 출신들이 자기 지방 사람들끼리 뭉치는 파쟁으로 애초의 뜻을 이루지 못한 채 침체되어 있었다. 최재형은 이를 안타깝게 여기고 1913년 10월 10일에 개최된 권업회 특별총회에서 회장에 취임하였다. 최재형은 회장이 되자마자 권업회 재건에 앞장섰다.

《권업신문》은 그 후 1914년 8월 30일까지 약 2년 반 동안 총 126호가 간행되었는데, 특히 국권 회복과 민족주의를 목적으로 하는 민족지 역할을 했다.

한편 권업회에서는 신한촌에 건립된 한민학교를 통하여 한인 자제

블라디보스토크에 있는 일본총영사관 건물의 현재 모습

들의 민족 교육을 철저하게 했다. 또 한인 자제들이 항일정신을 함양할 수 있도록 힘을 기울였다. 한민학교는 개척리에 있던 계동학교를 개편한 것으로, 1912년 3월에 신한촌에 새로 신축되었다. 한민학교는 이후 러시아 지역에서 한인들의 민족운동을 주도하는 요람이 되었다.

최재형은 1913년 말, 최봉준, 채두성, 박영휘 등 원호인(러시아 국적 취득자) 지도자 3인과 함께 한인 아령 이주 50주년 기념 발기회를 조직했다. 그 후 1914년 2월 1일, 다시 권업회 정기총회에서 회장으로 선출되어 한인 사회를 이끌었다.

신한촌을 중심으로 활발한 활동을 전개하던 권업회와 《권업신문》 등은 1914년 제1차 세계 대전의 발발로 러·일 관계가 돈독해지면서 그 활동이 중지되게 되었다.

이때 러시아 주재 블라디보스토크 일본총영사관에서는 신한촌을 중심으로 활동하고 있던 이종호, 이동휘, 이병휘, 윤해, 조창호, 김하구, 오주혁, 김도여 등을 추방해 줄 것을 요청하였다. 이에 신한촌을 중심으로 한 활동은 크게 위축되었다.

참고 도서
박환 교수 저《시베리아 한인민족운동의 대부 최재형》
문영숙 저《독립운동가 최재형》

⟨ 35 ⟩
한인 노령 이주 50주년 기념대회 준비로 재러 한인 민족의식 고취

권업회에서는 1914년 러일전쟁 10주년을 맞이하여 러시아가 일본에 대한 복수심이 절정에 이르러 다시 개전할 조짐이 있다는 판단하에 대한광복군정부를 조직하고자 하였다. 또 한편으로 한인들의 노령 이주 50주년 기념대회를 개최하고, 그 기회를 이용하여 재러 한인의 민족의식을 고취시키면서 군자금을 모금하고자 하였다. 그 모든 행사를 최재형이 준비위원장을 맡아 자금을 대고 직접 준비했다.

러시아 한인 이주 50주년 기념에 관해 《권업신문》에 구체적인 기사들이 많이 나와 있다.

그에 대한 기사 제목을 살펴보면, 1914년 1월 4일 자에 '노령 거주 50년 기념'과 1914년 1월 11일 자에는 '한인의 노령 이주 50년'이란 논설이 각각 실려 있다. 그 논설에는 한국인이 1864년 지신허의 모퉁이로 이주한 지 50주년을 맞이하여 1913년경부터 이를 기념하기 위해 노력하다가 총독의 승인을 얻었다고 밝히고 있다. 또한, 한인 이주의 역사를 서술하고 기념될 만한 일을 준비하려고 한다고 밝혔다.

러시아 한인 이주 50주년 기념식에 역대 러시아 황제의 기념비를 세우려고 했던 포시에트의 현재 모습

한편 권업회 등 한인 독립운동의 근거지였던 신한촌에 일본인들은 출입할 수 없었다. 블라디보스토크총영사관 노무라(野村) 영사의 다음 과 같은 보고에서 이를 짐작할 수 있다.

> 2차 지방대표위원회를 소왕령 권업회 회관에서 열었다. 각 지방 대 표 위원 30여 명이 참여했는데 기념식에서 예식 절차와 예산 등을 결정하였다. 한인 이주 50주년 기념식은 한국인이 최초로 이주한 곳이 지신허였지만, 블라디보스토크에서 하기로 하고 일자는 1914 년 9월 21일로 정했다. 이날은 연해주 지역 총독에게 지신허로 이 주한 한인들을 공식적으로 보고한 첫날이기 때문이었다.

한인들은 50주년 기념행사에서 러시아 황제에 감사하는 뜻으로 알렉 산드르 2세, 알렉산드르 3세, 니콜라이 2세의 기념비를 세우기로 했다.

기념비는 포시에트에 세우기로 하고 9월 28일에 기념비 제막식을 하기로 했다. 이 기념식에 참여할 인원은 각 지방에서 파견된 대표 위원들의 의견과 개인들의 뜻을 따르기로 하고 러시아 지역 각지에 있는 학교의 학생은 권업회에서 여비를 대 주고 모두 참여시키기로 했다.

또한, 미주와 중국 지역에 있는 한인 단체들도 초청장을 보내 참여하도록 했다. 이렇게 각지에 있는 한인 청년들을 초청하는 이유는 민족의식을 고취시키기 위함이었는데, 이 내용은 러시아 치타에서 간행되는 대한인국민회 시베리아 지방총회의 기관지 《대한인정교보》 10호(1914년 5월 1일)의 사설 〈한인 아령 이주 50년 기념에 대하여〉에 잘 나타나 있다.

기념회는 한인의 이주 50년 역사를 한문과 러시아어로 편찬하려는 계획을 세웠다.

권업회는 1913년 12월 18일 포드스타빈 교수 집에서 H.C. 최, 이종호, H.N. 김 등이 모인 가운데 논집을 만드는 문제를 논의하였다. 논문 작성은 포드스타빈에게 위임하고 책은 기념행사에 참여한 사람들에게 제공하기로 하였다. 아울러 논문 작성을 위한 자료 수집을 위해 관계기관, 직원, 노인들에게 서류, 사진, 회고록 등을 제출하도록 했다.

한인 이주 50주년 기념식 당일에는 곤다치 총독을 비롯하여 이 지역의 주요 인사들을 초대하기로 하고 식순을 만들었는데 식순은 다음과 같다.

1. 개회

2. 황제 폐하에 대한 충성의 표현

3. 축사

4. 역사 논집 낭독

5. 행사 기관의 위원회 성립 공시

6. 존경하는 시민에게 역사 논집 견본 증정

7. 축전, 축하 등의 낭독

8. 러시아 국가 제창

9. 폐회 후 손님들에게 차 대접

10. 피로연 개최

위 식순에서 보는 것처럼 권업회가 러시아에서 공식 인가를 받은 단체이기 때문에 러시아 황제에 대한 충성과 러시아 국가 제창이 들어

대한인국민회 시베리아 지방총회 참석자 모습

신한촌의 중심이었던 하바로프스크 거리의 현재 모습

있는 것을 볼 수 있다.

권업회에서는 기념회 경비를 총 38,700루블로 예상하고 이를 한인들의 의연금으로 충당하기로 했다. 지출 예상 비용은 기념비 3,000루블, 기념연비 3,000루블, 역사 출간비 1,500루블, 학생 교통비 1,000루블, 정교 교가 연습비 200루블, 노령 한인 교육비 30,000루블 등이었다. 권업회는 이 중에서 일부를 군자금으로 활용하려고 계획하고 있었다.

권업회에서는 한인 이주 50주년 기념회의 명예회장에 포드스타빈 박사를 추천했고 한인 아령 이주 50주년 기념회의 회장은 최재형, 서기는 김기룡, 재무는 한세인이 각각 담당하였다.

한인 이주 50주년 기념행사를 하기 위한 모든 준비는 다 완료되어 9월 21일이 되기만 기다렸다.

그러나 1914년 6월 28일, 오스트리아-헝가리 제국의 황태자인 프란츠 페르디난트 대공과 그의 부인 조피가 젊은 보스니아라는 민족주의 조직에 속한 18세의 청년이자 대학생이었던 가브릴로 프린치프에게 암살되었다. 이 사건으로 인해 세계는 제1차 세계 대전으로 확대되어 전 세계가 전쟁의 소용돌이에 휘말리고 만다.

최재형이 중심이 되어 권업회가 야심을 갖고 준비했던 러시아 한인 이주 50주년 기념식은 세계 대전의 발발로 모두 허사가 되어 버리고 말았다.

참고 도서
박환 교수 저 《시베리아 한인민족운동의 대부 최재형》
문영숙 저 《독립운동가 최재형》

< **36** >

제정 러시아 종말 속에 한인 사회 결집 노력

제1차 세계 대전 이후 권업회와 한인들의 항일 활동이 활발했던 신한촌은 원래 한인들이 살던 마을이 아니었다. 이주 초기 한인들이 살던 곳은 개척리였는데, 1890년대 들어 바닷길이 열리면서 중국인들이 많이 들어왔다. 이에 한인과 중국인 거주 지역에 대한 위생 및 전염병 문제가 계속 거론되었다. 블라디보스토크 당국은 한인과 중국인들을 도시 외곽 지역으로 이전시키는 문제를 고민했다.

이에 연해주 당국이 1911년 콜레라 창궐을 구실로 블라디보스토크 외곽의 아무르만 산기슭에 조성한 한인들의 주거지가 신한촌이었다.

신한촌은 단순한 한인 집성촌이 아니었다. 권업회와 한민학교, 고려극장, 선봉 신문사 등 항일운동 단체들이 만들어졌으며, 이곳을 중심으로 한민족의 역사와 전통문화 보존을 위한 노력이 1937년 강제 이주 이전까지 활발하게 일어나 한인 사회의 중심지 역할을 했다.

그러나 1914년 제1차 세계 대전이 일어나자 러시아와 일본이 동맹국이 되었다. 그 결과 러시아는 권업회를 강력히 탄압하여 그 활동이

전로한족대표자대회가 열렸던 우수리스크의 건물

위축되었다. 블라디보스토크 주재 일본 영사관에서는 이동휘, 이상설, 이종호, 유동열, 이강 등 중요 인사들을 연해주에서 추방할 것을 요구하고, 러시아 당국도 권업회를 해체하고자 함으로써 1914년 8월에 권업회는 해체되었다.

한편 권업회와 신한촌민회에서는 이에 맞서 신한촌 내 일본인의 상점을 철수케 하고, 일본인의 출입을 금지했으며, 만약 출입하는 일본인이 발견되면 한인 청년들이 사정없이 해를 가했다. 이러한 한인의 강렬한 의기 소식이 만주로, 미주로, 본국으로 전해지면서 온 민족의 독립 의지는 더욱 결연해졌다.

그러나 1915년 8월 일본은 최재형 등 한인 지도자 28명의 추방을 러시아에 요청하였다. 일본은 최재형이 권업회 창립자의 한 사람으로 한국의 독립당 설립을 위해 15,000루블의 기금을 모았다는 혐의를 씌웠다. 1915년 11월 3일, 최재형은 제1차 세계 대전에서 러시아군을

러시아 연해주에 최초로 한인들이 정착했던 개척리 전경

후원하기 위한 휼병금 모금을 위해 블라디보스토크 신한촌에서 휼병
회 발기회를 조직했다. 그러나 1916년 8월 러·일 신협약으로 블라디
보스토크에 거주하는 한인들에 대한 탄압이 가중되어 주요 한인 지도
자들이 가택 수색을 당했다. 최재형은 포박을 당해 니콜리스크 우수리
스크 군 소재지에 감금되었다. 그곳에는 최재형의 첫째 부인의 소생
인 장녀가 살고 있었는데, 장녀의 남편, 즉 최재형의 사위인 김 야코프
안드레예위츠가 있었다. 그는 한때 최재형에게서 글을 배운 사람으로,
교편을 잡으면서 군 상류층과 관계를 맺고 있었다. 최재형은 사위의
도움으로 무사히 풀려날 수 있었다.

한편 러시아는 1917년 2월 23일 '세계 여성의 날'을 맞아 여성 노
동자들이 총파업에 돌입했다. 바로 다음 날엔 학생들도 참가해 '전쟁
반대', '전제 타도'를 외쳤다. 이틀 뒤엔 러시아 전 도시로 파업이 확대

되었다. 사흘째 되는 날, 군경이 시위대에 사격을 개시했지만 날이 갈수록 시위대는 점점 늘어났다. 6일 후 시위대의 승리로 수도의 병사들은 소비에트에 충성할 것을 맹세했다.

한 달도 못 돼 수비대는 소비에트에 복종했고 농민들도 뒤따라 농민위원회와 소비에트를 조직했다. 한편 소비에트위원회는 전선에 나가 있는 니콜라이 2세에게 대표단을 파견했다. 차르 니콜라이 2세는 수도가 위기에 빠진 줄 알면서도 철도 노동자들의 봉기로 수도에 접근할 수가 없었다. 소비에트위원회의 대표는 니콜라이 2세에게 요구해 황태자에게 차르의 제위를 물려주고 퇴위하라고 설득했다. 전선의 사령관들도 소비에트위원회의 요구를 지지했다. 아들의 건강을 염려한 차르 니콜라이 2세는 3월 2일에 동생 미하일 대공에게 차르를 양위한다는 서류에 서명했다. 다음 날 미하일은 사태를 파악하고 차르의 계승을 거부했다.

3월 4일 니콜라이 2세의 퇴위 칙서와 차르의 동생인 미하일의 차르 제위 거부 칙서가 동시에 공표됐다. 이로써 2월 혁명으로 로마노프 왕조와 제정 러시아는 종말을 고했다.

이때 최재형 등 한인들은 러시아 한인 사회를 결집하려고 노력했다. 1917년 6월 4일, 우수리스크에서 전로한족대표자대회를 개최하였다. 이 대회에서 한인들은 러시아 임시정부를 지지하기로 결정하고 임시정부에 축전을 보냈다. 또한, 러시아 임시정부가 승리할 때까지 전쟁을 지속적으로 전개할 것을 지지했다. 이로써 항일운동보다는 러시아 내에서 귀화 한인들의 자치와 권리 신장에 적극적으로 노력하게 되었다. 이에 항일운동에 더 많은 관심을 기울이고 있던 비귀화 한인들의 반발을 사게 되었다. 그 결과로 우수리스크에 귀화 한인만으로 고려족 중앙총회를 조직하게 되었다.

고려족중앙총회에서는 연해주 지역 4개 의석을 두고 입후보를 한 원동의 9개 당파 가운데, 연해주 촌민회 지지운동을 전개하여 당선시키는 데 성공했다.

최재형은 연해주 촌민회 지지 조건으로 ① 시베리아 정부 독립 지지 ② 시베리아 독립 시 선거에 한족 대표 두 사람 참여 ③ 5년 이상 거주한 한인에 대해 국적 취득을 불문하고 토지 소유권 인정 등을 내세웠다.

참고 도서
박환 교수 저《시베리아 한인민족운동의 대부 최재형》
문영숙 저《독립운동가 최재형》

< 37 >

재러 한인을 대표하는
지도자로서의 위상

최재형의 연해주 촌민회 지지 입장은 러시아 혁명이 성공적으로 마무리된 직후인 1917년 12월 23일 자《한인신보》의 〈최 씨의 본사 방문〉 기사에 실려 있다. 내용을 보면 아래와 같다.

얀치혜 남도소 사장 최재형이 한인 신문사를 방문하여 시국에 대해 대담을 하였는데, 내용은 다음과 같다.

1. 우리 남도소는 입적이 900여 호에 투표권 있는 남녀 2,995명인데 금번 투표한 수가 1,833명이며, 전쟁에 출정한 장정이 모두 600여 명이요, 군인 가족으로 월급 받는 호수가 450호, 매호가 평균 53원, 금년에 농사가 잘되었으므로 민간 생활은 풍족한 모양이다.

2. 기자: 선거는 어느 당을 하였으며, 여자들 투표는 상당한 자격을 찾았습니까?

답: 투표는 여러 당으로 하였으며, 여자들은 뒷집 아버님이나 앞집 생원으로 한 모양이라고 하면서 웃음.

3. 기자: 고려족총회의 창립에 관한 효력과 장래에 힘쓸 일은?

답: (최 씨는 개탄한 모양으로) 사람이 없다. 물론 공동 일을 하려면 배 고프고 등 시린 줄 몰라야 할 터인데, 돈 있는 자는 돈을 더 벌려고 욕심내고, 없는 자는 먹을 것이 없어 일을 못 한다. 우리 늙은 사람 은 시대에 뒤진 사람이라 새 일은 새 인물을 요구한다.

또 우리 마을에 이어 한인의 중심 될 만한 지방은 소왕령(우수리스 크)이다. 지금 한인의 호수가 천여 호가 되니 한 집에 두어 량씩 내 어도 한인 교육은 염려가 없다.

4. 기자: 아령 한인의 중심적 단체는 고려족총회로 할 것이니 끝까 지 힘써야 하지 않을까요?

답: (일 볼 사람이 없는 것을 근심하면서) 오는 연종 총회에 참석할 것을 기약한다. 금번 대의사 투표에 한인 대표가 없는 것을 개탄한다. 금 번 연해주 투표에 15,000명에 한 사람씩 피선되니, 우리 한인으로 서는 투표권이 있는 자가 이 수에 못 미친다. 그러므로 연약한 연해 주 농민대표회 대의사에 우리가 세 가지 조건으로 일전에 부탁하 였다.

1. 우리 한족은 시베리아 정부의 독립을 찬성할 일

2. 시베리아가 독립되는 때에는 한족 대표 두 사람을 선거에 참여

케 할 일

3. 아령에서 5개년 이상 거주한 한인에게는 비입적을 불문하고 토지 소유권을 가질 일

위 세 가지 조건으로 농민회 대표는 금번 국회에 가서 허락을 받아내겠다고 말했다. 최 씨는 본촌의 교육 정도를 묻는 기자의 물음에 세 학교의 관계와 학생의 수를 말하였다.

최 씨는 학교에서 아무리 잘 가르쳐도 가명의 감독이 없으면 어린 아이들에게 별 효력이 없다고 한다. 최 씨는 한인 가운데 법률·지식이 있는지를 가려 변호사를 두고 모든 일을 처리하는 것이 한인의 급한 일이라고 연방 말했다.

위의 대담 내용을 보면, 최재형이 얀치혜 사장으로서 한인들의 세세한 일상까지 전부 파악하고 있으며 여러 문제에 대해 한인 지도자로서 관심의 폭이 얼마나 깊고 넓은지를 헤아릴 수 있다.

러시아 혁명 후에도 선생은 꾸준하게 진보적인 사회 활동을 활발하게 계속했다. 1917년 7월 7일 자로 된 일본 외무성의 첩보 자료에는 일반 선인(鮮人)의 고로(故老)로 추앙받고 있는 선생이 귀화선인단(歸化鮮人團)의 대표자로서, 6월 29일 블라디보스토크 노병소비에트를 방문하였다고 기록하고 있다.

선생은 또한 연추읍의 집행위원장으로 선출되어 활동하였다.

러시아의 혁명은 2월 혁명과 10월 혁명에 이르는 동안 완전한 성공을 거두었고, 바로 다음 해인 1918년 1월 11일에 개최된 고려족중앙

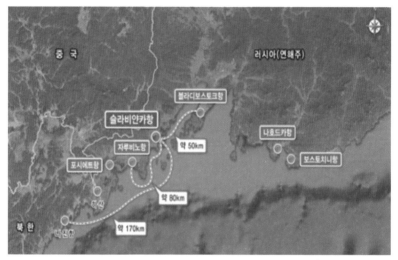

연해주 주요 항구와 지명

슬라비얀카의 현재 풍경

총회에서는 고려족 대표로 얀치혜 남도소 사장이자 우수리스크 의원인 최재형을 시베리아 독립 정부에 파견하기로 결정했다.

이후 1918년 6월 13일부터 24일까지 우수리스크에서 제2회 전로한족대표자대회가 개최되었다. 러시아 각 지역의 대표 129명이 참석한 이 대회에서 최재형은 이동휘와 함께 고문으로 선출돼 한인의 대표적인 지도자로서의 위상을 나타냈다. 그러나 10월 혁명 후인 1918년 여름, 체코군의 봉기를 계기로 일본군이 무력 개입하였고 선생의 집이 있던 슬라비얀카에도 일본군이 상륙하게 되자 선생은 블라디보스토크에 머물 수밖에 없었다. 결국 선생의 부인은 옷가지, 침대, 귀중품만을 갖고 블라디보스토크로 옮겨 왔다. 이어 선생의 가족은 일본군을 피해 니콜리스크 우수리스크로 이주하였는데, 여기서 선생은 군 자치회의 의원과 검사위원회 위원장으로 활동하였다.

참고 도서
박환 교수 저《시베리아 한인민족운동의 대부 최재형》
문영숙 저《독립운동가 최재형》

< 38 >
러일전쟁과 영일동맹의 배경 /
일본의 재정난 해결한 제이컵 시프

연해주 독립운동가들은 러시아 혁명의 소용돌이에서 일본이 속해 있는 백군을 상대로 항일운동을 할 수밖에 없었다.

러일전쟁 때 러시아의 적대국이었던 일본은 러시아 혁명을 계기로 다시 러시아 백군과 손을 잡게 되었다. 한인 의병들은 일본이 주적이었으므로 혁명군 편에서 일본을 상대로 싸워야 했다.

이에 앞서 일본과 러시아가 한반도를 놓고 서로 욕심을 내다가 러일전쟁으로 확대된 배경을 다시 한번 살펴보기로 한다.

1895년 청일전쟁에서 승리한 일본은 '시모노세키 조약'을 통해 만주와 랴오둥반도를 할양받았다. 그러자 러시아가 이를 가로막고 나섰다. 러시아는 프랑스, 독일과 함께 일본이 할양받은 랴오둥반도를 중국에 반환할 것을 요구했다. 만주와 한반도를 통해 해양 진출을 모색하던 러시아의 입장에서 보면 일본의 대륙 진출은 도저히 묵과할 수

러일전쟁 당시 주요 전략적 쟁탈지로 떠올랐던 뤼순의 현재 모습
(제2차 세계 대전 후 1955년에 중국에 반환)

없었다. 삼국의 요구에 열세를 절감한 일본은 결국 할양받은 랴오둥반도를 내놓고 만다.

　삼국 간섭을 받아들인 일본은 대륙 진출의 꿈을 가로막은 러시아에 깊은 원한을 품게 되었다. 러시아는 청나라와 1898년 조약을 맺고 뤼순과 다롄을 조차하여 태평양 함대 기지를 구축하기 시작했다. 1900년에는 청나라에서 발생한 의화단 사건을 수습한다는 명분으로 만주 전 지역을 러시아 점령하에 두었다. 다급해진 일본은 영국, 미국과 공조를 통해 러시아를 압박하여 철군을 약속받는 역삼국간섭을 시도했으나, 러시아는 차일피일 미루고 있었다. 러시아의 의도는 명백했다. 러시아가 계속 남진하여 만주를 장악하고 코앞에 조선의 북쪽을 장악하여 부동항을 완전하게 관리하는 것이었다.

일본은 더욱 긴장했다. 더더구나 조선의 왕비는 일본을 멀리하고 러시아 쪽으로 기울고 있었다. 일본은 결국 을미사변을 일으켜 낭인들을 동원해 명성황후를 시해한다.

고종은 러시아 공사관으로 피신하여 노골적으로 친러 정책을 폈다. 일본은 어떻게든 러시아 세력의 남하를 막고 만주 진출의 교두보를 러시아에 빼앗기지 않으려 했다.

1903년 4월, 일본의 총리대신 이토 히로부미와 야마가타 아리토모, 총리대신 가쓰라 다로, 외상 고무라 주타로가 교토에 있는 야마가타 아리토모의 별장에 모였다. 이들은 당시 일본의 실세 4인이었다.

네 사람은 그날 회의에서 만주에서 러시아의 우월권을 인정하고 조선 문제를 근본적으로 해결하되 타결이 되지 않으면 전쟁도 불사할 것을 의논했다.

압도적인 군사력을 가진 러시아 함대가 조선의 39도선 위를 점령하려고 했다. 일본에게는 러시아 함대가 일본의 코앞에 주둔하는 것이 엄청난 위기였다. 러시아는 한 치의 양보도 없이 강압적으로 일본을 몰아붙였다. 일본은 전쟁을 불사하고라도 러시아의 남하를 막아야 했다.

일본은 러시아와의 갈등이 고조되자 1904년 2월 6일 러시아와 국교를 단절했고 이틀 후인 1904년 2월 8일 중국 뤼순(旅順)항에 정박 중이던 러시아 함대를 기습적으로 공격하며 선전 포고는 이틀 후에 하였다. 1904년 2월 23일, 일본은 서울에 군사를 진입시켜 한일의정서를 체결, 한국이 일본 편을 들도록 하고 한국의 영토를 일본이 편의적으로 사용할 수 있도록 하는 등 용의주도하게 러시아와의 전쟁에 대비하였다.

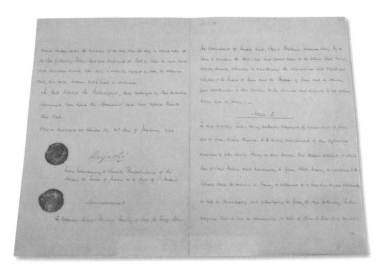

　그러나 일본의 재정은 전쟁을 치를 만한 능력이 없었다. 이때 영국
이 일본을 돕고 나섰다. 러시아와 사이가 좋지 않던 영국은 일본과 동
맹을 맺었고 뒤이어 일본은 재빨리 미국과도 교섭을 시작했다. 일본
스스로가 막강한 러시아를 이길 수 없다는 판단하에 적당한 시점에 미
국이 개입해서 전쟁을 끝내 달라고 요청했다. 시어도어 루스벨트를 찾
아간 가네코 겐타로는 그와 하버드 동문으로, 둘은 이미 가까운 사이
였다. 후에 러일전쟁 강화회담이 포츠머스에서 열린 배경은 바로 이런
인맥 때문이었다.

　한편 영국은 영일동맹을 체결한 후 일본의 재정을 돕기 위해 영국계
홍콩상하이은행에서 일본이 발행을 계획한 국채 1,000만 파운드 가
운데 500만 파운드를 매입해 주었다. 남은 부분은 매수자를 찾지 못
했는데, 이때 미국의 유태계 은행가 제이컵 시프가 이를 매입하고 일

본의 전쟁 국채 조달을 위한 주간사 역할까지 자진해서 맡았다. 제이컵 시프는 러일전쟁 동안 일본에 2억 달러를 더 지원하여 총 2억5천 달러를 지원했다. 제이컵 시프가 일본을 지원하게 된 계기는 1881년 제정 러시아에서 알렉산드르 3세가 유태인을 심하게 박해하고 러일전쟁 당시에 유태인 병사를 총알받이로 전면에 내세운 일로 인한 증오심에 있었다. 일본을 전폭적으로 지지했던 그는 러일전쟁 후 일본 천황의 초청을 받아 훈장까지 받았다고 한다.

제이컵 시프의 전폭적인 지원으로 일본군은 러시아를 상대로 승기를 잡았다. 러시아의 강력한 함대 발틱함대도 영일동맹의 여파로 긴 항해를 하는 동안 기항지에서 석탄 공급을 받지 못했다. 발틱함대가 대한해협까지 왔을 때는 아무 힘도 발휘할 수 없었고 일본의 함포 한 방에 침몰해 버리고 만다.

그러나 러일전쟁 동안 일본과 미국은 이미 한반도를 자기들의 입맛대로 요리하고 있었다.

참고 도서
박환 교수 저《시베리아 한인민족운동의 대부 최재형》
문영숙 저《독립운동가 최재형》

‹ 39 ›
칼자루 쥔 사무라이
대륙을 탐하고 조선을 훔치다

러일전쟁은 일본이 승기를 잡고 있었지만, 미국의 최선은 러시아와 일본이 세력 균형을 이루는 것이었다. 루스벨트 대통령은 강화회담에서 러시아의 뻣뻣한 태도를 못마땅해하면서 자금 문제로 더 이상 전쟁을 계속할 여력이 없어 애를 태우는 일본의 속마음을 간파했다.

미국과 일본 두 나라는 이미 가쓰라 – 태프트 밀약을 한 상태였다. 러일전쟁 초기 일본을 방문한 미 육군 장관 태프트와 일본 총리 가쓰라 사이에 합의된 이 밀약의 내용은 한마디로 미국은 필리핀을, 일본은 한반도를 차지한다는 약속이었다. 미국은 이미 스페인과 전쟁을 벌여 필리핀을 빼앗았지만, 그때까지 열강의 승인을 받지 않은 상태였다.

1902년 대통령이 된 루스벨트는 필리핀에 대한 미국의 지배권을 확실히 해 둘 필요가 있었고 때마침 터진 러일전쟁이 절호의 기회를 제공해 주었다. 그래서 나온 것이 바로 가쓰라 – 태프트 밀약이었다. 이 밀약은 20년 가까이 미 국무부의 비밀문서로 보관되다가 1924년 역사학자 타일러 데닛에 의해 그 내용이 처음으로 세상에 알려졌다.

가쓰라-태프트 밀약의 주인공인 가쓰라 다로 일본 총리와 윌리엄 태프트 미 육군 장군

　루스벨트는 아시아 국제 정치의 역학 관계를 고려할 때, 일본보다는 러시아가 미국의 아시아 진출에 장애가 된다고 판단하고 있었다. 미국은 일본의 이권을 어느 정도 보장해 주면서 일본을 러시아에 대한 방패막이로 삼을 수 있기를 바랐다.

　당시 일본의 국력을 과소평가했던 미국과 영국은 일본의 대륙 침략 야욕을 간과했고, 미국의 이러한 계산은 나중에 일본의 진주만 공격으로 오판이 되고 말았다.

　서양의 강대국들이 러시아를 견제하던 때 조선은 친러 정책으로 러시아에 치우쳐 일본을 자극했고, 영국과 미국이 주도하는 세계정세를 전혀 읽어 내지 못했다.

　미국은 포츠머스강화회담을 통해 러시아와 일본 모두의 양보를 종용했다. 그 결과 승전국 일본이 얻어 낸 것은 조선에서의 배타적 우월권, 랴오둥반도 조차권, 그리고 사할린섬이 전부였다. 전쟁 배상금은 한 푼도 받지 못했다. 루스벨트는 이 회담을 성사시킨 공로로 1906년 노벨 평화상을 수상했다.

러일전쟁을 종결시키기 위해 1905년 일본과 러시아가 맺은 포츠머스강화조약의 주역들

포츠머스강화조약의 결과를 알게 된 일본 국민은 분노했다. 포츠머스조약이 체결된 9월 5일, 일본 도쿄의 히비야 공원에서는 대규모 시위가 벌어졌고 수만 명이 총리 관저로 몰려갔다. 청일전쟁 후 시모노세키조약으로 얻은 이익보다 훨씬 더 큰 이익을 기대했던 일본은 포츠머스회담을 담당했던 고무라 주타로를 매국노로 매도했다. 일본은 계엄령을 발포하고 군대를 동원해 진압해야 했다.

시어도어 루스벨트 미국 대통령

이런 혼란을 잠재운 것이 바로 조선을 상대로 맺은 을사늑약이었다. 일본은 전쟁 배상금을 대신할 희생양으로 조선을 택했고, 조선은 속수

무책으로 저항도 못 하고 당한 것이었다.

고종 황제는 일본과 미국 사이에 조선을 두고 어떤 협상이 진행되는지도 알지 못한 채 막연히 미국에 대해 좋은 선입견을 갖고 원조를 기대했다.

조선 사회는 이미 썩을 대로 썩어 양반의 착취로 일반 국민은 의욕도 진취적인 기상도 다 잃어버린 상태였다. 러일전쟁 동안 서양 기자들의 눈에 비친 조선인은 근육이 발달한 민족인데도 기개나 맹렬함이 없었다. 서양 기자들은 이 민족이 예전에는 용맹을 떨쳤지만 수세기에 걸친 집권층의 부패로 용맹성과 진취성을 잃어버렸다고 보도했다.

그러나 조선 땅과 러시아 연해주는 같은 사람들이 사는데도 사정이 사뭇 달랐다.

영국의 왕립 지리학자 비숍 여사의 글을 보면 알 수 있다.

> 같은 조선인인데도 정부의 간섭을 떠나 자치적으로 마을을 운영해 가는 이곳(연해주) 이주민들은 깨끗하고 활기차며 부유한 생활을 하고 있다. 고국의 남성들이 가지고 있는 특유의 게으름, 쓸데없는 자부심, 그리고 자기보다 나은 사람에 대한 노예근성은 어느새 주체성과 독립심으로 바뀌었고 아주 당당하고 터프한 남자로 변했다.

이 글에서 보는 것처럼 연해주에 사는 조선인들은 양반의 착취를 벗어나 자발적으로 너무나 잘살면서 항일운동을 했고, 러시아 혁명 시기에도 자신과 조국의 앞날을 위해 분투했다. 그 중심에 항일 독립운동가들이 있었고 대표적인 사람이 최재형이었다.

< **40** >

이동휘와 함께 전로한족대표회의 명예회장으로 추대

러일전쟁 후 일본은 적대국 러시아와 다시 손을 잡게 되는데, 그 계기가 체코 군단과 직접적인 관계가 있었다. 물론 그 직전인 1918년 4월 5일, 일본 해군 육전대 100여 명이 블라디보스토크에 상륙했다. 러시아 혁명의 혼란 속에서 일본인 상점의 점원 1명이 살해되었는데, 이때 일본군의 상륙은 자국민 보호 명목이었다.

전로한족중앙총회 결성 장소 현판

1918년 6월 러시아 연해주의 니콜리스크 우수리스크에서 제2회 특별 전로한족대표회의가 개최되었다. 이 대회에는 러시아 각지로부터 온 지역 및 단체 대표들이 참석하였는데, 참석자 전원의 만장일치로 최재형이 이동휘와 함께 명예회장으로 선출되었다. 회의에 참석한 어느 누구도 최재형이 러시아 국적을 취득한 원호인을 대표하는 원로이며, 이동휘가 국내로부터 망명한 여호인(러시아 국적이 없는 한국인)들을 대표하는 애국투사임을 부정하지 않았던 것이다.

이 대회에서 조직된 전로한족중앙총회는 러시아 혁명 과정의 정치적 중립을 선언하였다. 그러나 이 중립 선언은 대회 직후 발생한 체코군의 봉기와 일본, 미국 등 열강의 무력 개입으로 실현하기가 어려운 상황이 되었다.

1918년 8월, 최재형은 한인 장교 원 미하일이 체코 군사령관 가이다와 호르바트의 후원으로 하얼빈에 한인특별대대를 조직하자, 이 부대의 장정 모집을 후원했다.

최재형의 이러한 노력은 백위파가 소비에트 정부를 전복하게 되면 한인 청년들에게 무기를 공급하여 한인 독립운동을 지원하겠다고 약속한 호르바트 때문이었다.

이처럼 최재형은 백위파든 적위파든 한인 의병 운동에 도움이 되는 일이라면 가리지 않고 최선을 다했다.

한편 가이다가 이끄는 바로 이 체코 군단 때문에 일본 및 연합군이 연해주 일대에 대대적으로 상륙하는 계기가 되는데, 이는 시베리아에 갇힌 체코 군단을 구출한다는 명목이었다.

체코 군단은 혁명으로 인해 전선에서 이탈한 러시아군과는 달리, 오스트리아–헝가리 제국에 속해 있던 체코의 독립을 위해 계속 싸우기를 요구하였고, 이미 볼셰비키가 정권을 잡기 이전 임시정부 시절, 프

전로한족대표회의가 열렸던 학교 건물

랑스와의 협약으로 이들을 서부 전선으로 돌려보내기로 결정했다.

그러나 독일과 맞닿아 있는 서부 전선을 통해 돌려보내기는 껄끄러웠다. 연합국과 친밀한 관계에 있는 체코 군단을 불신한 볼셰비키 정권은 시베리아 철도를 이용, 러시아 대륙을 횡단한 다음 블라디보스토크에서 배를 타고 미국을 거쳐 거의 지구를 한 바퀴 돌아서 귀환시킨다는 결정을 내렸다.

체코 군단이 1918년 5월 14일, 중간 기착지인 첼랴빈스크에 이르렀을 때, 마침 소환되는 독일군 및 헝가리군 포로와 맞닥뜨려 소규모 분쟁을 일으켰다. 이를 진압하려는 지방 볼셰비키 정부와도 충돌을 일으켰다.

반혁명 세력의 근거지인 시베리아 지역을 통과하는 체코 군단이 무장한 채로 이들 반혁명 세력과 합류할 것을 우려하고 있었는데, 이러한 사태까지 벌어지자 볼셰비키 정부의 2인자였던 트로츠키는 강제로 체코 군단의 무장을 해제시키려고 했다.

　그러나 지방 볼셰비키 정부의 소규모 병력으로는 가당치도 않은 일이었다.

　6월 4일 영국·프랑스·미국·이탈리아·일본 외교 대표들은 성명을 발표했다. 체코 군단은 연합군의 일원이며 연합군이 지키고 있다는 내용이었다. 블라디보스토크에 도착한 체코군도 봉기했다. 이 집단은 원래 7월 1일에 유럽으로 호송될 예정이었으나, 동료들의 봉기 소식을 듣고 6월 29일 봉기를 일으켜서 블라디보스토크 소비에트를 무너뜨렸다.

　영국을 위시한 연합국에 러시아 땅 한가운데에서 포위된 체코 군단의 구출은 꽤나 괜찮은 구실이었다.

　미국은 7월 8일 일본에 함께 출병하자고 제안했다. 일본은 내각 회의를 소집한 뒤 미국의 제안에 찬성했고, 8월 2일 시베리아 '출병'을 선언했다. 미국도 8월 3일에 시베리아전쟁에 참가한다고 공식으로 발표했다. 일본군은 미군이 들어오기 전부터 블라디보스토크에 병력 약 2만8천 명을 배치했다. 미군은 8월 16일에 블라디보스토크에 상륙했고, 영국은 8월 3일에 블라디보스토크에 증원군을 상륙시켰다. 그 뒤로 캐나다군 6,000명도 블라디보스토크에 도착했고, 8월 10일에는 프랑스군이 도착했다.

　일본은 계속해서 시베리아와 연해주로 병력을 보내 무려 약 6~7만 명 정도나 되었다. 시베리아 내전에 간섭한 외국군의 대부분이 일본

제국군이었다. 그 뒤 두 차례에 걸쳐서 파견 부대가 바뀌었으나, 지휘 통은 변하지 않았고 병력 수는 대체로 6~8만 명을 유지했다.

참고 도서 및 참고 글
박환 교수 저《시베리아 한인민족운동의 대부 최재형》
윤상원 논문《러시아 지역 한인의 항일무장투쟁 연구》
문영숙 저《독립운동가 최재형》

〈 41 〉

체코 군단에서 모신 소총 구입해
항일의병 무장

항일의병들이 주로 사용했던 모신 소총이 바로 체코 군단으로부터 사들인 총이었다. 체코 군단은 시베리아 횡단 철도의 동쪽 시발역인 블라디보스토크에 도착한 후 배를 이용해 본국으로 돌아갔는데, 배를 타기 전에 휴대하고 있던 총을 처분하게 된다. 무기 중개업을 하던 최재형은 이 총을 싼값에 사서 항일의병들을 무장시키는데, 당시 의병들은 총 한 자루에 한 사람의 목숨이 달려 있을 정도로 무기 조달에 최선을 다했고 독립 자금의 대부분이 총을 확보하는 데 쓰였다고 한다. 청산리전투를 승리로 이끈 총도 이 모신 소총이었다.

그러나 제1차 세계 대전 이후 1917년 2월 혁명에 이르는 시기는 러시아 한인 민족운동의 일대 침체기였다. 항일운동을 이끄는 한인 지도자들은 러시아의 농촌이나 오지 또는 북만주로 도피할 수밖에 없었다. 이상설 선생과 이갑이 1917년 4월에 사망하고 이동휘는 러시아 헌병대에 체포되어 구금되었다.

그 후 전로한족대표자대회를 통해 다시 한인 사회를 결집하기 위해

시베리아 횡단철도를 점령한 체코 군단 장병들이
열차로 이동하는 모습

노력했지만, 시베리아독립정부를 지지하는 고려족중앙총회와 중앙정부의 소비에트정부를 지지하는 한족중앙총회가 대립하기에 이르렀다. 러시아의 중앙에서 10월 혁명이 성공했지만, 사회혁명당 세력의 강세 지역인 시베리아와 러시아 원동 지역에서는 볼셰비키 세력이 불확실했다. 고려족중앙총회에 맞서 독자적인 세력 결집을 꾀했던 한족중앙총회 주도자들을 중심으로 1918년 3월에 하바로프스크에서 조선인 정치 망명자 회의가 개최되어 일본군의 시베리아 출병에 대한 대책을 논의했다.

이후 독립운동을 어떻게 설정할 것인가 하는 문제를 둘러싸고 좌우 두 개의 그룹으로 나뉘었다. 한인사회당 창립을 위한 한인사회당중앙위원회 확대 총회를 1918년 5월 10일에 개최하고 중앙 간부를 선출하였다. 이 대회에서는 소비에트 러시아와의 연대와 반일, 반제국주의의 사회주의 노선을 내용으로 하는 강령을 채택하였으며, 한인사회당은 중앙간부위원장으로 이동휘, 부위원장에 오 와실리를 선출하고, 청년부의장 오성묵, 한글 서기 겸 (자유종) 주필 김립, 군사부장 겸 군사학교장 유동열, 재무부장 겸 선전부장 이인섭을 선출하였다. 또한, 장교

훈련을 위한 군사학교를 설립하고, 김 알렉산드라를 중심으로 블라디보스토크 주둔 일본군 병사들을 상대로 반제국주의와 반전 사업을 추진하였다.

1918년 6월 13일부터 24일까지 니콜리스크에서 제2회 전로한족대표회의가 개최되었다. 이 대회에는 노령의 각 지방 단체 대표와 학교 대표 129명이 참가하였다. 한인사회당은 소비에트 권력만이 토지문제를 해결할 수 있고, 한인 노동자들의 합법적 지위를 개선할 수 있다고 주장하며 소비에트 정부의 지지와 승인을 얻자는 결의안을 제출하였다. 그리고 전로한족중앙총회의 본부를 소비에트 볼셰비키 세력의 본거지인 하바로프스크로 이전하려고 시도하였다. 그러나 이 시도는 다수파가 반대함으로써 좌절되었다.

제2회 전로한족대표회의가 폐회한 후, 6월 29일에 블라디보스토크에서 체코군이 반볼셰비키 정부를 붕괴시켰다.

1918년 8월 이후, 일본을 비롯한 연합국의 러시아 혁명에 대한 무력 개입으로 백위파 정권이 득세하게 되었다.

그 후 1918년 11월에 중간파 주도의 옴스크 정부가 콜차크 제독의 군사 쿠데타로 붕괴된 이후, 1920년 초 볼셰비키 혁명 세력이 백위파 세력을 구축하게 되기까지 시베리아는 한인 민족운동에 탄압적인 백위파 천하가 되었다. 한인사회당 당원들은 러시아 볼셰비키 세력과 함께 농촌이나 지하로 잠입하였다. 사회혁명당 계열의 전로한족중앙총회는 적극적인 활동을 삼가면서 가까스로 합법적인 지위를 유지하였다. 이때 미국에 사는 재미 동포들은 활발하게 활동했지만, 최재형 역시 겉으로 적극적으로 활동할 수가 없었다.

제1차 세계 대전이 끝난 후 미국의 윌슨 대통령이 전후 처리의 기본 원칙으로 민족자결주의를 발표했다. 이에 약소국 지도자들은 크게 환영하면서 파리강화회의에 큰 기대를 걸었다. 한편 1918년 초순부터 뉴욕에서 세계약소민족동맹회의 제2차 연례총회를 개최했다. 이 회의에서 약소민족자결주의 원칙에 따라 파리강화회의에서 약소민족을 독립시켜야 한다고 결의하였다. 이 소식을 들은 미주 지역의 한인 동포 사회는 파리강화회의와 세계약소민족동맹회의에 대표를 파견하여 조선의 자주독립을 주장하고자 하였다.

1918년 11월 25일, 대한인국민회 중앙총회장 안창호는 임원을 소집하여 이승만, 민찬호, 정한경 등을 세계약소민족동맹회의 참석자로 지명하고 정한경, 이승만을 파리행 대표로 임명하였다. 뉴욕에 근거지를 두고 있던 김헌식은 1918년 11월 30일 비밀리에 신한회 총회를 개최하고 미국 대통령과 국무부, 상하원에 제출할 결의 선언문을 작성하였다. 그러나 이승만, 정한경 등 파리 대표 파견은 여권이 발급되지 않아 실패로 돌아가서 제2차 약소민족동맹회의에만 대표를 파견할 수 있었다.

1918년 12월 4일 오후, 뉴욕 맥알파인 호텔에서 열린 제2차 세계 약소민족동맹회의에 신한회에서 김헌식이, 대한인국민회에서 민찬호, 정한경 두 명이 참석했다.

참고 도서
박환 교수 저《시베리아 한인민족운동의 대부 최재형》
문영숙 저《독립운동가 최재형》
시노다《블라디보스토크 신간선 시찰 보고》
하라 데루유키《러시아 연해주에서의 한인운동 1905~1922》

< **42** >

파리강화회의 대표로 선출되었으나
파견에서 배제되는 최재형

니콜리스크에 모인 사람들은 한족대운동회라는 명의하에 태극기를 앞세우고 니콜리스크 전역을 돌아다니며 조선의 독립을 외쳤다. 이에 놀란 일본 군대는 이들을 전원 해산시키고 태극기를 압수하였다. 그러나 한인들은 미군과 교섭하여 태극기를 돌려받았다. 재러 동포들의 이러한 소식들은 미국에 대한 기대감을 더욱 높게 만들어 파리강화회의에서 민족자결주의에 의해 독립이 될 수 있다는 확신을 하게 되었다.

1918년 8월 이후에 침체기에 들었던 러시아 지역의 한인 독립 세력은 다시 힘을 얻어 미국 동포들과 빈번한 연락을 하게 되었다. 재미 동포들은 재러 동포들이 시베리아에서 일본군과 충돌해야 하며 독립을 위해 동포 중 일부는 비참한 최후를 맞이해야 한다고 주장했다. 그 결과로 파리강화회의에서 이 문제를 제기해야 한다고 주장하며 재러 동포들이 분발해 주기를 바랐다. 재러 동포들도 시베리아에 주둔하고 있는 미군들을 찾아가 종종 한인들의 절박하고 애처로운 사연을 풀어 놓으며 미군의 도움을 요청했다. 또한, 니콜리스크 한족회는 미군 육

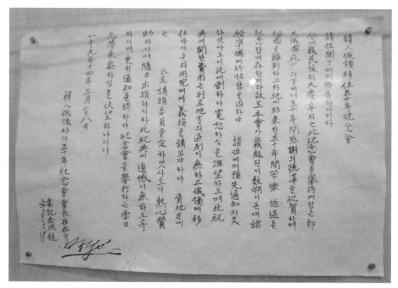

최재형이 1914년 러시아 한인 이주 50주년 기념회 회장으로 활동하면서 직접 쓴 초청장

군 장교를 비밀 고문으로 하여 각 지방회와 연락하며 세력을 증대시키고자 했다.

윌슨 미국 대통령이 주창한 민족자결주의로 인해 미주에서 한인들의 활동과 당시 국제 정세에 재러 한인들도 고무되었다. 재러 한인들은 니콜리스크 한족회 주관으로 1919년 1월 초순, 노령과 동청철도 연선 지방에 거주하는 동포 200여 명이 참석한 가운데 대규모 한인대회를 개최하였다. 중심인물은 니콜리스크 한인회 회장인 문창범, 원미향, 안장근, 박산우 등이었다. 문창범은 한족상설의회와 니콜리스크 중심인물이었고, 안정근은 안중근의 동생이며, 안장근은 안중근 아버지 안태훈의 형 안태진의 둘째 아들로 이들은 니콜리스크, 얀치혜 등 러시아 지역 대표와 만주의 목릉현 대표들이었다.

이들은 니콜리스크에서 비밀회의를 갖고 노령 재류선인의 대표자를 프랑스에 파견하기로 결정하였다. 전 노령 대표자로 이동휘를, 재동청철도 연선 지방 대표로 백순을, 시베리아 귀화인 대표로 얀치혜 한족회 회장 최재형을, 또 조선의 대표로 상하이에 와 있던 이용을 선정했다. 수행원은 간도 명동 소학교 교사 박상환으로 결정했는데, 그가 불어에 능통했기 때문이었다. 이 비밀 회합에서는 미주 지역 대표가 안창호, 이승만인 점을 고려하여 노령 지역의 대표로 전로한족중앙총회 고문인 이동휘와 최재형을 대표로 선임하였다.

이처럼 최재형은 전 시베리아에 거주하는 귀화인들의 대표자로 추대되었다.

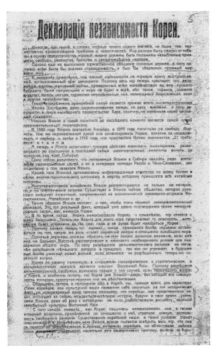

러시아어로 쓰인 독립선언서

1919년 1월 초순에 니콜리스크에서 개최된 회의와 이러한 움직임들은 이후 러시아 지역에서 전개된 3·1운동과 관련해 중요한 의미를 지니고 있다.

한편 니콜리스크 한족상설위원회에서는 1월 29일 상설위원회를 개최하고, 파리강화회의 대표를 최종적으로 확정하고자 했다. 그러나 귀화인 중 젊고 능력 있는 인물로 김보와 김 알렉세이를 파리강화회의에 파견하자는 의견도 있었다. 하지만 젊은 사람은 일본이 거금을 제시하면 매수당할 위험이 있다는 판단에 항일 경력도 있고 연배도 있는 사람이 바람직하다는 의견이 강해 최재형, 이동휘, 유동열 등이 예비선거에서 선출되었다. 그러나 평안도파인 안정근은 선출된 이들이 대체로 함경도 출신이므로 평안도파 1인을 더 선정하자고 주장했다. 이에 대해 문창범과 안정근 사이에 논란이 벌어졌고 최재형의 중재로 원만히 해결되는 듯했다.

그러나 1919년 1월 15일경 파리강화회의 대표로 윤해와 고창일 등 함경도파로 결정되었고 2월 5일 이전에 이미 파견되었다.

한족중앙회 상설위원회의 중심인물인 최재형, 문창범 등 함경도파가 평안도파에 이 같은 사실을 알리지 않고 비밀리에 일을 추진했다. 이 결정에 참여한 중심인물이 최재형, 문창범, 엄주필, 김 야코프, 한 아나토리, 김 알렉산드라 등 함경도 출신 귀화인들이었다. 한편 평안도파인 안정근은 윤해와 고창일이 파리강화회의 파견자로 결정되었다는 사실을 우연히 알게 되었는데, 바로 안정근의 어머니가 고상준의 처에게 고창일이 6개월간 먼 나라에 다녀온다는 사실을 듣고 이 사실을 아들인 안정근에게 말하여 알게 되었던 것이다.

안정근은 곧바로 최재형을 만나 상황을 확인했고 이를 항의하였다. 이 일로 함경도파와 평안도파의 갈등이 생겼고 그 골이 깊어졌다.

그러나 니콜리스크 한족상설위원회는 최재형과 이동휘 대신 윤해와 고창일을 파리강화회의에 파견한 나름의 이유가 있었다.

참고 도서
박환 교수 저《시베리아 한인민족운동의 대부 최재형》
문영숙 저《독립운동가 최재형》

43

일본 따돌리려 거물급 대신
무명 인사로 파리 강화회의 파견

파리강화회의에 참석할 인물로 윤해와 고창일을 선정한 이유를 살펴보기로 한다. 두 사람을 결정한 이유는 당시 러시아에서 간행되는 각종 신문과 미주 동포와의 교신에서 얻은 정보에 바탕을 둔 결정이었다. 당시 파리에는 세계 각 지역에서 조선인 대표를 파견하고 있는 상황이라 노령에서 파견한 사람들도 그들과 함께 일할 수 있으면 족하다는 인식을 하게 되었다. 자질은 외국어를 해독하고 교육을 받은 사람으로 세계정세에 통하면 된다는 생각이었다. 또한, 최재형이나 이동휘 등 거물급 인사는 얼굴이 너무 많이 알려져서 일을 추진하는 데 있어 비밀이 보장되지 않기 때문이기도 했다.

1월 20일 상하이에서 출발하여 연해주에 온 신한청년당의 여운형은 김규식을 파리강화회의에 파견한 사실을 문창범에게 전하고 파견 비용과 상하이에서 독립운동 전개를 위한 자금을 요청하였다. 이에 한족상설위원회는 일을 비밀리에 성공적으로 추진하기 위해 윤해, 고창일을 파견한 것이었다.

파리강화회의

　그러나 이 일은 일본을 따돌리기 위해 연막전술이 필요했다.

　니콜리스크 한족상설위원회는 2월 7일부터 11일까지 5일간 회의를 통해 파리 대표 파견을 공식화하고 여비를 마련하기 위해 노력했다. 1919년 1월 30일 자 한족상설위원회 회장 문창범과 서기 이춘평의 명의로 각 지방회에 대표 파견을 요청하였다.

　문창범은 최재형과 같은 함경도 경원 출신으로 최재형보다 열 살 아래였다. 문창범은 미주의 안창호 등과 연락하여 1919년 3월 17일에 블라디보스토크에서 전로한족중앙총회를 기반으로 대한국민의회(大韓國民議會)라는 임시정부를 구성했다. 이후 대한국민의회장의 명의로 독립선언서를 작성하여 노령 해삼위(海蔘威)에 있는 일본 영사관과 기타 11개국 영사관에 배부한 후 주민들에게 태극기를 가지고 거리를 행진하며 만세시위를 하도록 독려하는 등의 활동을 전개하였다.

　문창범은 이후 1919년 4월 13일 선포된 대한민국임시정부의 내각

우수리스크에 있는 공원
(이 공원 안에 발해 시대(금나라 추정)의 돌거북이 있다.)

구성에서 같은 연해주 지역으로 군무총장 이동휘, 재무총장 최재형과
함께 교통총장에 선임되었다.

한족상설위원회에 참석을 요구한 지역은 모두 107개 지역으로, 마
감일에는 130여 명이 참가하였다. 그 대표로는 노우키예스프크 대표
최재형을 비롯하여 지진해 대표 한 안드레이, 김 알렉산드르, 슬라비
얀카 대표 박 알렉산드르, 바라바시 대표 강 야코프, 블라디보스토크
대표 한용헌, 윤 니콜라이 등이었다. 이들 참석자 가운데 최재형은 노
우키예프스크의 대표적 인물이었으며 박 알렉산드르는 슬라비얀카의
대표적 인물이었다.

2월 7일 회의를 통해 윤해와 고창일이 노령 대표로 파리강화회의에
파견되었다고 발표했다. 두 사람은 러시아어와 불어로 조선인 총대표

라고 쓴 문서를 가지고 2월 5일경에 니콜리스크를 떠나 2월 10일 고베에 기항하는 오뎃사호의 의용함대 톰스크호를 타고 출발했다고 발표했다.

그러나 이 발표는 사실이 아니었다. 발표대로 고베에 기항할 경우 두 대표가 일본에 체포될 것이 뻔했기 때문이었다. 윤해와 고창일은 시베리아 철로를 통해 3월 2일 무사히 옴스크를 통과했다는 전보를 받았다. 이처럼 노령 한인 대표 파견은 일본을 따돌리기 위해 주도면밀했다. 그러나 평안도파가 배제되었다는 이유로 후에 평안도파가 러시아 지역을 떠나 상하이로 가게 되는 이유를 제공했다고도 볼 수 있다.

1919년 2월 25일에 개최된 대한국민의회 창립대회에서 상설위원장 원세훈은 대한국민의회의 취지서를 발표하였다. 중앙총회 상설위원 15명은 장래 조선이 독립할 것을 대비해 임시 대통령 선거, 대외 문제 등 일반의 정무를 장악할 기관으로서 대한국민의회를 설립하고자 했다. 당시 여러 사정으로 전 국민을 대표하는 국민의회를 조직할 수 없었기 때문에 상설위원회를 임시국민의회라 명하고 임시국민의회의 역할은 장래 한국이 독립하는 날, 임시 대통령을 선거하여 대외 문제, 기타 내정, 외교 일반을 관할하는 임시정부로 하는 데 있다고 하였다. 이처럼 국민의회의 설립 계획은 앞서 언급한 것처럼 파리강화회의 대표로 파견되는 윤해와 미리 상의하여 그 중심 계획은 윤해가 작성했고 윤해는 이를 상설위원장 원세훈에게 의탁하였다.

전로국내조선인회의는 블라디보스토크에 모여 국내와 국민들로부터 지지를 받는 임시정부격인 중앙기관을 니콜리스크에 창설하는 한편, 정부 당국자를 인선하고 한국 독립 승인의 최후 통첩을 일본 정부에 발송하기로 했다. 일본의 회답을 얻지 못할 경우 중국령 및 노령에 사는 조선인, 그리고 조선 내지에 있는 조선인 일반의 명의로 영구적인 혈전을 선언하기로 결정했다.

참고 도서
박환 교수 저《시베리아 한인민족운동의 대부 최재형》
문영숙 저《독립운동가 최재형》

⟨ 44 ⟩
3·1운동 앞두고 재러 한인 행사로
민족의식 고취

재러 한인들은 중앙기관을 설치하고 독립운동가들의 발기에 따라 블라디보스토크 일대 시위운동을 전개하기로 계획했다.

보이스카우트들이 독립기를 앞세우고 도시의 중요 지점을 돌아다니며 연합국 인사들 앞에서 한국인의 의기를 보여 줘서 연합국들의 공감을 구하려는 계획이었다. 시위운동 당일에는 조선인 상점 및 학교가 모두 휴업할 예정이었고 니콜리스크에서 300여 명, 블라디보스토크에서 약 200여 명의 보이스카우트가 참여할 예정이었다. 2월 24일 보이스카우트를 대표하는 김 아파나시는 블라디보스토크의 청년 대표자와 협력할 것을 협의하였다. 시위운동에 참가하는 청년은 이날 몸을 희생해서라도 조선 독립을 위해 진력할 것을 맹세하였다.

니콜리스크 중앙위원회 내에 군부를 조직하고 집행위원을 선정하여 독립군을 편성하려고 했으나, 독립군 조직에 관해 중앙위원회 간부들 사이에 의견이 둘로 나뉘었다. 하나는 미하일원의 조선인 특별대대

개척리 한인들의 주요 기관이 있던 자리의 현재 모습

에 병합시켜야 한다는 것이고, 또 하나는 미하일원의 부대와는 전혀
별개로 편성해야 한다는 주장이었다. 이 외에도 일부 독립운동가들은
군대 조직은 불가능하니 다수의 선발대를 조선 국내에 파견하여 분쟁
을 일으키고 파리평화회의의 관심을 끌자고 주장했다.

3·1운동이 일어나기 전에도 재러 한인들의 민족의식은 국치일 집
회, 종교 집회, 고종의 추도식, 연극 공연 등을 통해 크게 고양된 상태
였다.

신한촌에서는 1918년 8월 29일 아침 일찍 민회의 이름으로 동포들
에게 인쇄물을 배포했다. 내용은 밥을 짓지 못하도록 각 구장에게 감
시하게 하고, 만약에 밥을 짓는 집이 있으면 조서를 작성하여 25루블
의 벌금을 부과하도록 했다.

오전 9시에 한민학교 학생 수십 명은 학교기를 선두에 들고 애국가를 부르며 신한촌을 행진하였다. 10시에는 민회와 한민학교 문 앞에 태극기를 게양하였다. 11시에는 한민학교생 수십 명이 태극기를 들고 신한촌을 순회했으며, 인솔자 이봉극은 수시로 길가에서 연설을 시도하였다. 오후 7시부터는 한민학교 운동장에서 신한촌 민회 주최로 천여 명이 참석한 가운데 국치일 기념행사를 거행하였다. 행사는 임시회장인 민회 서기 조창원의 개회사에 이어 한민학교 여학생들이 창가와 역사 이야기, 지리 이야기에 이어 기념사, 애국가 제창, 폐회사 등으로 이어졌다.

특히 항일운동의 중심지 얀치혜 지역은 1918년 8월 29일 국치일에 얀치혜 지역의 민회장인 최재형과 교사 정남수, 니콜리스크 기자 정안선 등이 중심이 되어 학교에서 연극을 개최하였다. 최재형은 이 연극을 적극적으로 지원하였는데, 이 연극은 교민들의 민족의식 고취에 크게 기여했다. 이 연극은 8월 28일 밤에 시작하여 나흘 동안 오후 5시부터 밤 11시까지 개최되었다. 연극의 내용은 안중근의 이토 히로부미 저격이었으며 을사5적, 7적이라 불리는 친일파들의 행동과 당시 일본 고관의 언동 등을 풍자하였다.

29일 밤에는 수청 지방에서 온 동포들도 많아서 총 관객 수는 1,200명이나 되었다. 이 연극은 3·1운동을 앞두고 활발하게 전개된 민족의식 고취에 크게 기여했다.

1918년 가을, 일본 총영사 기로 키쿠치는 연해주 블라디보스토크에 있는 신한촌을 시찰하고 한인 학교에 200루블을 기증했다. 여자 교사는 그 돈을 받자마자 찢어 불 속으로 던져 버렸다.

소련 시절부터 극동함대 사령부가 있었던 곳으로 유명한
러시아 최대 항구 도시 블라디보스토크의 현재 모습

그 뒤 서울 총독부의 고위 관리인 지사쿠 시노다가 블라디보스토크 신한촌을 시찰하러 왔다. 지사쿠는 1919년 3월 1일에 한인 학교를 방문했고, 이틀 후에는 대한국민의회 블라디보스토크 지부 의장인 한용헌을 만났다. 한용헌은 지사쿠에게 일본 제국주의자가 아시아의 평화를 돕지 않는다고 일본 제국주의를 비판했다. 또한, 한민족은 일본에 폭력을 쓰지 않으면서도 줄기차게 저항할 것이라고 밝혔다. 지사쿠는 1919년 3월 4일에 다시 학교를 방문했다. 그 뒤 일본 참모부장에게 다음과 같은 내용을 보고했다.

신한촌은 지금 러시아 당국의 통제 밖에 있으며 안드레이 한과 그의 추종자들 밑에서 완전히 통제되고 있는 것으로 보인다. 사회주의자이며 극단적 반일주의자인 그는 자신의 생각을 널리 선전하고 있다. 이들을 무마하고 제국의 통치 아래로 끌어들이는 것은 긴급하게 필요하나 쉽지 않은 일임을 확신한다.

1919년 3월, 한반도에서 3·1독립항쟁이 일어났다. 조선 사람들은 일본 제국의 지배에 종속되면서 지배자들에게 접근을 차단당했고 그 때문에 쌓였던 분노를 3·1독립항쟁에서 터트렸다. 이는 연해주 블라디보스토크에 사는 한인들도 마찬가지였다.

1919년 3월 11일, 일본 총영사 기로 키쿠치는 블라디보스토크 요새 사령관과 연해주의 콜차크 정부 위원에게 시위를 엄격하게 통제하라고 요구했다. 백위파 군대 당국은 이 요청에 곧바로 동의하고 '일본과의 외교적 관계에 손상을 끼칠지도 모르는 어떠한 행위'도 금지한다고 발표했다. 대한국민의회 블라디보스토크 지부는 해산을 명령받았다. 하지만 한인들은 해산 명령을 받아들이지 않고 적극적으로 저항했다.

참고 도서
박환 교수 저 《시베리아 한인민족운동의 대부 최재형》
문영숙 저 《독립운동가 최재형》

노령 귀화선인 규합,
대한국민의회 외교부장으로 선임

슬라비얀카에 살던 최재형은 일본 침략군이 상륙하자 1918년, 자신의 행방을 알리지 않고 가족의 품을 떠나 니콜리스크 우수리스크로 갔다. 최재형은 우수리스크에서 군 자치기관의 의원과 자치기관 감사위원회 의장으로 선출되었다. 그러나 최재형은 그 이전에도 의병부대와 함께 작전을 수행하기 위해 집을 떠나면 오랫동안 돌아오지 않을 때가 많았다. 최재형의 아내 최 엘레나 페트로브나는 참을성 있는 여성으로, 흔들림 없이 꿋꿋하게 남편의 소식을 기다렸다.

늦가을이 되어도 남편이 돌아오지 않자 최 엘레나는 슬라비얀카에 있던 모든 재산과 큰 서재는 그대로 놓아둔 채, 일본인 점령군을 피해 간단한 침구와 귀중품들을 챙겨서 아이들과 함께 블라디보스토크로 떠났다.

최 엘레나 페트로브나는 블라디보스토크에 사는 자신의 동생 김 콘스탄친 페트로비치의 집에 머물렀다. 김 콘스탄친 페트로비치는 블라디보스토크에 있는 남자 중학교에서 최초 교사로 아이들을 가르치고

최재형의 자녀들: 올가(5녀), 쏘냐(4녀), 파샤(2남), 지나(손녀), 류바(3녀)

있었다. 그 후 최 엘레나는 김 콘스탄친 페트로비치의 집에서 가족을 데리고 니콜리스크 우수리스크로 이사했다.

　최재형은 그곳에서 과거에 했던 항일운동을 계속 이어 나가면서 빨치산 부대의 특별 임무를 띠고 비밀리에 무기를 공급하는 사업을 했다. 최재형의 가족은 잠시 평화롭게 살 수 있었다. 5명의 자녀는 학교에 다니고 막내 아이는 여섯 살이 되었다. 그러나 최재형의 가족과 아이들에게는 잠깐의 평화였고 그 후에 닥칠 큰 불행은 점점 최재형과 한인 의병들에게 어두운 그림자가 되어 다가오고 있었다.

　한편 1919년 3월 초순, 서울에서 러시아 연해주로 온 김하석은 블라디보스토크 및 니콜리스크 한족회와 상호 연계하여 한족독립기성

회를 조직하고 한족 독립운동 계획을 수립하기로 하였다. 그 계획 중
에는 노령 동청철도 연선 지방과 간도 훈춘 및 서간도 지방에 산재한
동지들 가운데 1만여 명을 모집하고 이들을 조선 국내로 들여보내 무
력시위운동 전개를 제시하는 두 가지 방안이 있었다.

첫째는 모집한 1만여 명의 동지를 두 부대로 나눠 각각 5천 명씩 선
발대와 후발대로 편성하는 안이었는데, 선발대는 무기를 휴대하지 않
은 채로 두만강 국경을 건넌 후 함경북도로 침입하여 태극기를 흔들고
큰 소리로 만세를 부르되 도중에서 일본 관헌에게 체포되거나 구속당
하는 자는 그대로 두기로 하였고, 후발대는 무기를 휴대하고 간도 및
훈춘의 각 지방에서 함경북도 국경 지대를 습격하여 한 지점을 점령한
후 그곳을 한족공화임시정부의 소재지로 하거나 간도에 임시정부를
조직하는 것이었다.

둘째는 동지 1만 명이 무기를 휴대하고 함경북도를 습격하여 한 지
점을 점령한 후에 한족공화정부를 설치하고, 동시에 조선 각지에서 의
병을 봉기시켜 일본 군경과 대항하는 안이었다. 1안과 2안의 목적은
기본적으로 승패에 구애받지 않고 조선
각지를 병란지로 만들어 미국이나 기타
열강의 간섭을 유도함으로써, 한족자결
문제를 강화회의 의제로 상정하는 데 두
기로 했다.

김하석은 서울에서 동행한 수명의 동
지와 함께 노령 한족회와 협력하여 이 계
획을 수행하기 위해 의병 규합, 의연금 모

최초의 임시정부
대한국민의회 의장 문창범

금, 무기류 모집에 진력하였다. 노령 귀화선인의 규합은 얀치혜에 거주하는 최재형 및 하바로프스크에 거주하는 김인수가 담당하였다. 노령 거주 한인들은 대대적으로 군자금 모금 및 총기 모집을 위해 노력하여 총기는 1호에 1자루씩 제공하기로 했다. 의병들의 규합은 이범윤이 담당하였다. 이범윤은 훈춘 및 안도현, 무송현 방면으로 밀사를 파견하여 옛 부하들을 규합하려 했다. 김약연은 한 알렉산드르, 최 니콜라이 두 사람을 대동하고 간도로 돌아와 간도 동지와의 연락 및 독립군 규합 등의 임무를 수행했다.

한편 재러 한인들은 대한국민의회라는 의회정부를 설립해서 의장에 문창범, 부의장에 김철훈, 서기에 오창환 등의 명의로 3월 17일에 독립선언서를 배포하였다. 또 3월 중순에 국민의회는 최재형을 외교부장에, 이동휘를 선전부장에, 김립을 이동휘의 부관에 선임하고 이동휘를 간도에 파견하여 독립운동의 선전 선동에 종사하게 하였다.

처음에는 이범윤을 선전부장에 임명하여 옛 부하들을 모으려 했으나, 이미 노인이 된 이범윤이 감당하기 어려워 이동휘가 이범윤과 홍범도의 옛 부하를 소집해서 지도하게 하였다.

참고 도서
박환 교수 저 《시베리아 한인민족운동의 대부 최재형》
문영숙 저 《독립운동가 최재형》

<< 46 >>
러시아 한인들의 만세시위운동과
연해주, 상하이, 한성 임시정부 수립

러시아의 10월 혁명 과정에서 한인들은 일본군이 지원하는 10월 혁명 반대 세력인 백위파를 적대하고 볼셰비키파를 적극적으로 지원하였다. 이 과정에서 상당한 규모의 한인 의용병(빨치산) 부대가 구성되어 일제와 싸웠고 러시아 볼셰비키 측은 한인 빨치산의 활동을 적극적으로 지원하였다.

연해주에서는 블라디보스토크의 신한촌에서 결성되었던 전로한족중앙총회가 대한국민의회로 개편되어 3·1운동 직후에 임시정부 성격으로 수립을 선포하였다.

3월 17일 우수리스크에서 독립선언서를 발표한 후 연해주 우수리스크에서는 러시아 지역, 북간도, 서간도, 국내로부터 온 독립운동 단체들을 대표하는 80여 명이 참가한 가운데 대한국민의회가 결성되었다. 신한촌에 있는 한인들은 한민학교를 중심으로 만세운동을 전개하여 조국 독립의 열정을 불살랐다. 이러한 배경에서 러시아 지역에서도 한인 사회의 곳곳에서 만세시위가 일어났다. 문창범, 김철훈, 오창

환 등 간부 명의로 독립선언서를 발표하고 한인들은 블라디보스토크
에서 평화적 시위를 벌였다. 시위는 러시아 한인 지역 여러 곳에서 연
쇄적으로 일어났다. 대한국민의회는 국내외를 통틀어 최초의 임시정
부라고 할 수 있었다. 대한국민의회는 3·1운동을 계기로 일제와 혈전
을 벌이며 의연금 모집과 군사 훈련소 설치 등을 주도해 나갔다. 문창
범, 이동휘, 최재형, 김철훈 등이 중심인물이었다. 대한국민의회의 간
부에는 의장 문창범, 부의장 김철훈과 김 알렉산드르, 서기 오창환, 외
교부장 최재형, 선전부장 이동휘, 재정부장 한명세가 각각 선임되었다.
홍범도는 이동휘가 부장을 맡은 선전부에서 활동하였다. 선전부는 얼
마 후 군무부로 명칭이 바뀌게 되고, 홍범도의 근거지였던 다아재골에
대한국민의회 군무부의 본부가 설치되었다. 대한국민의회는 독립운동
방식을 3단계로 나누어 수립하였다. 제1단계는 독립선언서 발표와 가
두시위 등의 평화적 시위운동, 제2단계는 한인 무장 세력에 의한 국내
진입의 무장 전쟁, 제3단계는 파리강화회의를 통한 외교 활동이었다.

재무총장 임명장

그러나 대한국민의회의 활동은 곧 러시아 정부의 제지를 받게 되었다. 일본의 비호를 받고 있던 백위파 옴스크 정부가 해산 명령을 내린 것이다. 대한국민의회는 4월 29일에 상설의회를 개최하면서 4월 13일에 상하이에서 선포된 대한민국임시정부를 잠정 승인하고 임시정부를 노령으로 이전할 때까지 완전 승인을 유보하였다. 재러 한인 독립운동가들은 국내와 가까운 해삼위로 임시정부를 옮겨야 한다는 주장이었다. 또 상설의회 의장 원세훈을 교섭 대표로 상하이에 파견, 양측의 통합을 논의하였다. 이어 4월에 중국 상하이에서는 신한청년당을 중심으로 활동하던 민족운동가들이 임시의정원을 구성하고 대한민국임시정부를 수립하였다. 서울에서도 13도 대표들이 모여 국민대회를 열고 한성 정부의 수립을 선포하였다. 대한국민의회는 이동휘가 뒤늦게 임시정부 국무총리에 취임하고, 문창범은 취임을 거부한 상태에서 1919년 12월에 임시총회를 열어 독자적인 활동 재개 방안을 모색하였다. 대한국민의회에서 이동휘와 함께 군무부의 책임을 맡게 된 홍범도는 이것을 대한독립군을 창설하는 계기로 삼았다.

한편 1919년 4월, 중국 상하이에서 신규식, 이동녕, 이시영을 비롯한 많은 애국지사가 대한민국임시정부의 조직에 대해 논의했다. 4월 10일 상하이 프랑스 조계의 김신부로에서 이동녕이 의장이 되어 제1

회 의정원 회의가 개회되었는데, 이 회의에서 국호를 대한민국으로 정하고 국무위원을 선출하였다. 초대 내각에는 국무총리 이승만, 내무총장 안창호, 외무총장 김규식, 법무총장 이시영, 재무총장 최재형, 군무총장 이동휘, 교통총장 문창범 등이 임명되었다. 그러나 최재형은 초대 재무총장으로 선출되었으나 취임하지 않았다. 대한국민의회에 이어 상하이와 한성에서 각각 임시정부가 결성되어 곧 세 단체의 통합 논의가 진행되었다. 그러나 완전 통합을 이루지 못한 채, 임시정부의 위치는 상하이에 두며 임시의정원과 대한국민의회를 합병하여 의회를 조직한다는 상하이임시정부의 의견에 따라 대한국민의회는 1919년 8월 해산을 결의하였다. 이어 이동휘와 문창범이 구체적인 실무 협의를 하기 위해 상하이로 갔다. 상하이에 가 보니 상하이 현지에서의 통합 작업이 대한국민의회의 교섭 내용과 다르게 진행되고 있었다. 대

한국민의회 측은 이에 반발하여 문창범은 통합정부의 교통총장에 선임되었으나 취임을 거부하고 블라디보스토크로 돌아왔다. 그러나 이동휘는 11월 3일 국무총리에 취임하였다.

상하이에 있는 대한민국임시정부에 대해 반발한 대한국민의회이지만, 블라디보스토크에서는 민족주의적 색채를 지니면서 러시아 한인 사회에서 한인의 정치력을 결집했다.

참고 도서 및 참고 글
박환 교수 저 《시베리아 한인민족운동의 대부 최재형》
문영숙 저 《독립운동가 최재형》
[네이버 지식백과] 대한국민의회(大韓國民議會) (한국민족문화대백과, 한국학중앙연구원)

‹ 47 ›
상하이임시정부에 불참,
일본의 4월 공세에 감옥행

여러 곳에서 임시정부가 구성되자 이를 통합하려는 움직임이 일어
났다. 대한국민의회는 통합된 임시정부를 한인이 많이 살고 독립전쟁
에 유리한 간도나 연해주에 두자고 주장하였다. 그러나 상하이임시정
부는 일본군이 시베리아로 진격 중이라는 이유를 들어 일제의 영향력
이 미치지 않으면서 서양 열강의 조계 지역이 많아 외교 활동을 펴기
에 유리한 상하이에 두자고 주장하였다. 대한국민의회와 상하이임시
정부의 완전 통합은 실현되지 않았으나, 상하이임시정부 측에서 보면
대한국민의회의 이동휘가 국무총리에 취임함으로써 그 권위와 대표
성은 크게 강화되었다.

여러 차례에 걸쳐 논의한 결과 통합된 정부의 위치는 상하이에 두
고, 정부 명칭은 대한민국임시정부로 하며, 한성 정부의 법통을 계승
하기로 결정하였다. 그리하여 이승만을 대통령, 이동휘를 국무총리로
하는 우리 역사상 최초의 공화제 정부가 성립하였다.

이즈음 러시아 로마노프 황가의 군대인 백위파는 볼가강에서 볼셰

1920년 4월 참변 시 일본군에게 체포된 한인과 러시아인들

4월 참변 당시 일본의 살육

4월 참변 (스파스크)

비키 혁명군인 적위파와 접전을 벌이다 패배했다. 백위파 군대는 점점 무너져 갔다. 러시아 남서부에서 위력을 떨치던 데니킨 군은 1919년 하반기에 크게 패배하고 말았다. 이런 흐름은 시베리아까지 퍼졌다. 콜차크의 시베리아 정부는 1919년 11월 14일, 소비에트 적위파 군대에 옴스크를 내줬다. 콜차크 부대는 이르쿠츠크로 퇴각했고 백위파는 점점 힘을 잃었다.

1920년 1월 31일, 블라디보스토크 백위파 정권이 완전히 무너졌다. 볼셰비키, 멘셰비키, 사회혁명당은 연합해서 연해주 임시정부를 수립했다. 그 뒤 세르게이 라조를 수반으로 한 군사 소비에비트가 조직됐다. 블라디보스토크의 실제 권력은 볼셰비키에 넘어갔다. 세르게이 게오르기에비치 라조는 1916년 군대에 징집됐고 모스크바 알렉세예프스크 보병학교를 졸업했다. 그 뒤 1916년 12월 장교가 되어 크라스노야르스크에 배치됐다. 당시 라조는 병사들을 상대로 사회혁명당 좌파 사업을 전개했다. 1918년 초 러시아 사회민주당에 가입했고 자바이칼 전선군 지휘관이 됐다. 1919년 봄부터 연해주 빨치산 부대를 지휘했고 그해 12월엔 연해주 군사혁명사령군 사령관이 됐다.

– 윤상원, 박사 학위 논문: 러시아 지역 한인의
항일무장투쟁 연구 (1918 – 1922), 2009, 88쪽

이후 한인들과 적위파 혁명군이 4월 참변을 맞게 되는데, 바로 니항 전투가 큰 원인이었다. 러시아 혁명 직후 볼셰비키 붉은 군대와 반볼셰비키인 백위파 및 외국 간섭군들 간에 피비린내 나는 내전이 시작

되었다. 1918년 초 러시아 내의 자국민 보호를 구실로 블라디보스토크 항구에 군함을 상륙시킨 일본은 레닌의 볼셰비키파와 대립하던 반볼셰비키 백위파 군대를 지원하며 극동 지역에 대한 야욕을 드러냈다. 이때 만주, 러시아 및 조선의 국경 지대에서 활동하던 한인 무장 빨치산들은 러시아 빨치산 부대들과 연합하여 일본 및 백위파 군대들을 상대로 빨치산 투쟁을 전개해 나갔다.

1920년 3월 5일에는 하바로프스크 북동부의 니콜라예프스크 항구(니항)에서 한인이 포함된 러시아 빨치산 부대에 의해 일본군이 참패를 당하는 사건이 발생했다.

이 사건은 시베리아를 장악하려는 일본의 강경파에 좋은 구실을 주었다. 일본 정부는 1920년 3월 31일 '일본 신민의 생명 재산에 대한 위협'과 '만주 및 조선에 대한 위협'이 엄존한다는 성명을 발표했다. 이에 앞서 일본은 1920년 3월 중에 블라디보스토크, 하바로프스크, 기타 연해주 도시에 있는 적위군 빨치산 부대를 전면적으로 공격하도록 비밀 명령을 내려 놓고 있었다. 여기에는 한인 부대와 한인 사회도 포함되어 있었다.

1920년 4월 4일, 야간을 틈탄 일본군 블라디보스토크 주재 사령관 무라다 소장은 다이쇼 군사령관의 지시를 받아 블라디보스토크의 혁명군에 대해 무장 해제를 단행했다. 4월 5일 새벽에 군사령관은 제13, 제14 사단장, 남부 우수리스크 파견 대장에게 각지의 혁명군 무장 해제를 명령했다. 또한, 우수리스크 철도를 중심으로 총공격을 감행했다.

일본군은 4일 밤부터 블라디보스토크, 우수리스크는 5일부터 6일까지, 스파스크는 8일까지 계속 공격을 퍼부었다. 일본군은 한인 마을

우수리스크 4월 참변 추도비

을 습격해서 한인들이 도망가지 못하게 가둬 놓고 불을 지르기도 했다.

한편 최재형은 급히 우수리스크에 있는 가족들의 집을 찾았다. 그러나 이미 일본의 밀정 기토가 최재형의 집을 에워싸고 있었다. 최재형의 가족들은 급히 찾은 최재형에게 빨리 도망치라고 했지만, 최재형은 자신이 도망치면 가족들이 당할 고초를 생각하며 식구들의 간절한 만류를 뿌리치고 일본군에 잡히고 만다. 최재형과 함께 잡힌 사람들은 모두 76명이었다. 그중에서 72명은 풀려났으나 최재형, 김이직, 황 카피톤, 엄주필 네 명은 감옥에 갇혔다.

참고 도서 및 참고 글
박환 교수 저《시베리아 한인민족운동의 대부 최재형》
문영숙 저《독립운동가 최재형》
윤상원 박사 학위 논문《러시아 지역 한인의 항일무장투쟁 연구 (1918 - 1922)》

‹ 48 ›
일본 총탄에 순국하여
묘도 묘비도 없이 현재에 이르다

일본은 4월 7일 감옥에 갇힌 최재형을 이송하던 중 감옥에서 가까운 왕바실재 언덕으로 끌고 가다가 재판도 없이 총살했다.

박환 교수가 쓴《시베리아 한인독립운동의 대부 최재형》에 나온 일본의 최재형 사망에 대한 기록은 다음과 같다.

니콜리스크 파견 족립 포병 대위의 보고에 의하면, 같은 지역에서 우리 헌병은 수비 보병대와 협력해서 4월 5일, 6일 양일에 걸쳐 그 지역의 배일선인(일본에 반대하는 조선인)의 가택 수색을 행하고 최재형 이하 76명을 체포 후 취조했다. 최재형과 김이직, 황경섭, 엄주필 등 4명은 유력한 배일선인으로서, 특히 최재형은 원래 상하이 임시정부의 재무총장이었고 니콜리스크 부시장의 위치에 있는 것을 기화로 다른 3명과 모의하여 혁명군 원조의 주모자가 되어 배일선인을 선동하고 아군을 습격하는 등 무기를 가지고 반항적 행동

최재형이 만행적으로 처형당한 왕바실재 언덕에서 찍은 필자의 모습

을 하는 것으로 판단되어 4명을 잡아 취조했다. 다른 사람들은 특히 체포할 근거가 없고 유력자도 아니어서 장래를 엄히 경계해서 석방하였다. 그러다 우연히 같은 지역에 주둔한 헤이룽 헌병대 본부와 니콜리스크 헌병 분대가 4월 7일에 청사의 이전을 하게 되어 같은 날 오후 6시경 4명 전원을 신청사로 호송하던 중 이들이 감수인의 틈을 엿보아 도주함에, 헌병은 추적하여 체포하려고 하였으나 그들은 이 지역을 잘 알고 있어서 교묘히 도망하기에 사살했다.

1920년 5월 7일 자《동아일보》에 실린 최재형의 순국 기사는 아래와 같다.

일본을 배척하는 조선 사람의 부락인 신한촌이 일본 군사에 점령

243

되어, 그곳에서 달아난 조선인들은 니콜리스크로 도망하여 그곳에 있는 조선 사람과 함께 불온한 조직이 되었으므로, 일본 군사는 헌병과 협력하여 수일 전에 조선 사람의 근거지를 습격하고 원 상하이임시정부 재무총장으로 작년 10월에 니콜리스크에 와 있는 최재형 1명 최시형 이하 70명을 체포하여 취조한 결과, 다른 사람은 다 방송시키고 두목인 최재형 등 4명은 총살하였다더라.

한편 《독립신문》에도 최재형 추도 기사가 실렸다. 최재형은 11명의 자녀를 두었는데 자녀들은 최재형이 사망한 후 석 달 동안 검은 옷을 입었고 최재형의 부인 김 엘레나 페트로브나는 1년간 검은 옷을 입었다고 한다.

그 당시 블라디보스토크 일본 총영사관에서 조선인들을 담당했던 사람은 기토였다. 그는 많은 수의 밀정을 거느리고 연해주 한인 사회를 분열시켰는데, 최재형의 넷째 딸 소피아가 사망한 아버지 최재형에게 쓴 편지도 소피아 몰래 필사해서 현재 일본 외무성 사료관에 소장하고 있다고 한다.

그 편지를 소개하면 다음과 같다.

경애하는 폐차!
참기 힘든 정을 억누르다 벌써 8월이 되었습니다.
이제는 더 참기 힘듭니다.
아버님께서는 낮이나 밤이나 저승에서
애비 죽인 놈은 살아서 활개를 치고 있는데

왜 원수를 갚지 못하느냐고 울고 계실 것만 같습니다.

악마 같은 기토야!
사람 탈을 쓴 기토야!
너는 어찌하여 우리 아버지를 죽였느냐.
어떤 일이 있어도 네 죄는 용서할 수 없다.
네가 제 나라를 지킨다는 것이 지나쳐 불쌍한 조선 사람만 죽이고
있는 것이다.

이제 네 나라도 너를 못 지켜 주게 되었다.
네가 좋아하는 조선 사람 죽이는 일도 마지막을 고한다.
네가 우리 동포를 지배하는 일도 끝이 난다.
네가 이 세상에서 더 살 수 있는 것도 막을 내린다.

기토야!
너 죽고 나 죽자!
너 죽인 뒤에 나도 세상을 떠난다.
사람이 두 번 죽은 것 보았느냐.
사람 목숨은 한 번밖에 없는 생명이다.

사랑하는 아버님!
당신의 딸을 잊지 마세요.
당신의 열녀는 이제 아버지의 원수를 갚습니다.

잊지 마소서!

한편 최재형의 아들 발렌친 페트로비치는 아버지 최재형의 인간적인 면에 대해 다음과 같이 회상했다.

> 최재형은 위대한 인도주의자였다. 이는 아버지의 모든 행위와 주위 사람들과의 관계에서 나타나고 있다. 가족 모두를 사랑으로 대했다. 결코 아이들에게 육체적으로 강제하지 않았으며 말로 질책하는 것에 그쳤다. 가족 간에는 큰소리나 성을 내는 일이 없었다.

최재형의 큰아들 최운학(최 표트르 페트로비치)은 포시에트 얀치혜에서 출생하여 교구 소속의 초등학교를 졸업하고 학교 교원으로 있다가 1915년에 징집되어 대독 전투에 참가했다. 그는 1918년 시베리아 동부 전선에서 백위파와 전투하던 중 중상을 입고 이르쿠츠크 병원에서 전사했다. 특히 최운학은 안중근 장군의 동생인 안정근과 친한 친구였다.

둘째 아들 최성학(최 파벨 페트로브나)은 독립운동을 하다가 상트페테르부르크에 있는 푸룬제 군사학교에 들어가 아무르함대 지휘관으로 임명되었다가 1932년 정식 당원이 되었지만, 부친인 최재형이 부르주아였던 점을 은폐했다는 이유로 제명되어 일본 간첩이라고 자인할 것을 강요당하다 1938년 처형당했다.

최재형의 남은 가족들은 1937년 스탈린의 강제 이주 정책으로 뿔뿔이 흩어져 불행한 삶을 살아야 했다.

참고 도서
박환 교수 저《시베리아 한인민족운동의 대부 최재형》
문영숙 저《독립운동가 최재형》

올해 2020년은 최재형 선생이 순국한 지 100주기가 되는 해이다.

그동안 최재형 선생의 일대기를 알아본 것처럼 연해주 초기 독립운동사에서 최재형 선생만큼 많은 일을 한 사람도 없고, 최재형 선생처럼 한인들의 존경을 한몸에 받은 인물도 없다. 최재형 선생만큼 교육에 힘쓴 사람도 없고, 최재형 선생만큼 러시아에서 인정을 받아 훈장을 일곱 개나 받은 사람도 없다.

그는 노비로 태어나 모국인 조선에 아무것도 빚진 것이 없었는데도 자신의 모든 것을 조국과 민족을 위해 헌신했다.

이러한 최재형 선생이 서훈을 받은 연도가 1962년이다. 최재형 선생의 신분이 노비 출신이기 때문이었을까. 서훈의 등급도 턱없이 불합리한 독립장에 불과하다. 제대로 평가되었다면 대한민국장이나 적어도 대통령장을 받아야 마땅했을 것이다.

애석하게도 국내에 후손들이 없고 집안도 변변치 않은 노비 출신이었으니, 서훈이라도 받은 게 다행인지도 모른다.

게다가 더더욱 안타까운 일은 우리나라가 북한과 대치하는 상황이라서 소련이 건재했던 시기에는 러시아 국적의 최재형 선생을 언급하는 것조차 어려운 일이었다는 것이다. 그러나 소비에트 연방이 해체되고 러시아와 재수교를 하면서 양국의 교류에 물꼬가 트이고, 학자들이 현지에 가서 조사하고 사료를 발굴하면서 깜깜한 어둠에 갇혔던 연해

우수리스크 4월 참변 추도식

러시아 블라디보스토크에 있는 과거 한인촌을 기리기 위해 설립된 신한촌 기념비

주 독립운동사가 조금씩 밝혀지고 있으니 참으로 다행한 일이다. 초기 연해주에 거주하던 한인들은 사회주의나 공산주의와는 무관하게 오로지 일본을 상대로 빼앗긴 나라를 되찾기 위해 목숨을 걸고 항일투쟁을 하였다. 해방 후 러시아에서 활동한 항일투사들이 제대로 조명되지 못한 것은 실로 안타까운 일이며 앞으로는 제대로 평가되어야 마땅할 것이다.

현재 우수리스크에 있는 최재형 선생이 마지막까지 거주하던 집은 대한민국 정부가 구입해 2019년 3월 28일 '최재형 기념관'으로 개관했다.

그전까지 러시아 연해주 역사 탐방 여행객들은 최재형 선생이 살던 집을 들르긴 했지만, 러시아인이 살고 있어서 안을 들여다볼 수가 없었다. 필자가 2012년에 우수리스크에 가서 최재형이란 인물을 사료로써 처음 접했을 때도 먼발치에서 벽에 붙어 있는 '최재형의 집'이라는 현판을 배경으로 기념사진을 찍는 것이 전부였다. 그러나 현재 연해주를 찾는 관광객들은 '최재형 기념관'에 가서 최재형 선생에 대한 여러 자료와 마주할 수 있다.

최재형 선생은 알면 알수록 파란만장한 삶을 산 거인이다. 최재형 선생의 삶은 예술로 승화시켜도 무궁무진한 콘텐츠를 생산할 수 있는 인물이며, 국내는 물론 재외 교포들에게도 멋진 롤 모델이 되고도 남는다.

최재형 선생의 노블레스 오블리주 정신은 앞으로 더욱더 빛날 것이다. 한인들에게 페치카로 불렸던 따뜻한 인간애는 휴머니즘의 최상에 도달할 것이고, 국가를 사랑하는 애국정신은 최재형 선생이 살아온 이력이 충분히 입증해 준다.

기업가, 교육가, 독립운동가, 언론가, 자상한 가장의 삶까지 모든 분야에서 타의 추종을 불허하는 멋진 삶을 살다 일본의 총탄에 순국한 최재형 선생을 지금까지 제대로 알리지 못했다. 그러나 임시정부 수립 백 년을 맞은 2019년에 초등학교 6학년 1학기 사회 교과서에 '안중근 의사를 후원한 재외 동포'로 최초로 등재되었다. 그러나 최재형 선생의 삶을 제대로 기리려면 중고등학교의 역사 교과서에 독립운동가로 당당히 등재되어야 할 것이다.

필자는 2012년에 청소년 소설《까레이스키, 끝없는 방랑》을 출간한 직후 고려인의 삶을 더듬어 보려고 우수리스크에 들렀다가 이름조차 들어 본 적이 없던 최재형이란 인물을 사료로 처음 만났다. 그 후 최재형 선생을 연구한 교수들의 책과 논문을 통해 최재형 선생에 대해서 자세히 알게 되었고, 최재형 선생이야말로 청소년들에게 멋진 롤 모델이 될 수 있다는 생각에 2014년《독립운동가 최재형》을 출간했다. 그 후 '최재형기념사업회'와 인연이 되어 최재형 선생을 알리고 기리는 일에 봉사하고 있다.

2011년 설립된 '최재형장학회'는 고려인 후손 대학생들에게 학자금을 후원하는 단체로서 최재형 선생과는 혈연도, 지연도, 학연도 없는 80이 넘은 순수한 기업인 어르신들이 십시일반 정신으로 만든 단체다. 2015년 (사)최재형기념사업회로 서울시에 등록했고, 2018년 국가 보훈처에 '사단 법인 독립운동가최재형기념사업회'로 등록해서 오늘에 이르고 있다.

'최재형기념사업회'는 2015년 서울 국립 현충원에 최재형 선생 부부 위패를 봉안했다. 이 역시 국가가 해야 할 일을 비영리법인 단체인 '최재형기념사업회'가 한 것이다.

선진국일수록 국가를 위해 희생한 영웅들을 가장 숭고하게 기린다고 한다. 이제 우리 대한민국도 국가와 민족을 위해 모든 것을 바친 순국선열들을 제대로 모시는 일등 국가가 되어야 할 것이다.

진정한 애국자를 제대로 알리고 선양하는 일은 무엇보다 중요한 일이므로 앞으로는 국가 기관에서 최재형 선생처럼 노블레스 오블리주를 실천한 위대한 애국자를 기리는 일에 많은 격려와 적극적인 지원이 있기를 바라며, 모든 국민에게도 최재형 선생의 위대한 삶의 자취가 자긍심을 갖게 하는 원동력이 되기를 갈망한다.

2017년 《국방일보》에 1년 동안 연재했던 글을 다시 손봐서 책으로 묶게 되었다. 기꺼이 책을 내겠다고 손을 잡아 준 출판사에 심심한 감사를 드리며, 끝으로 최재형의 사료를 발굴하여 꼼꼼히 책으로 펴내 연재를 하는 동안 참고할 수 있도록 도움을 주신 수원대학교 박환 교수님께 진심으로 감사드린다.

잊혀진 독립운동의 대부

최재형

1판 1쇄 인쇄 2020년 8월 4일
1판 1쇄 발행 2020년 8월 15일

지은이 | 문영숙
펴낸이 | 한소원
펴낸곳 | 우리나비

등록 | 2013년 10월 25일(제387-2013-000056호)
주소 | 경기도 부천시 원미구 원미로 18번길 11
전화 | 070-8879-7093   **팩스** | 02-6455-0384
이메일 | michel61@naver.com

ISBN 979-11-86843-55-0 03910

★ 책값은 뒤표지에 있습니다.
★ 이 도서는 경기도 경기문화재단의 문예진흥지원금을 보조받아 발간되었습니다.
★ 이 도서는 2017년 《국방일보》에 1년간 연재되었던 글을 엮은 작품입니다.

이 도서의 국립중앙도서관 출판예정도서목록(CIP)은 서지정보유통지원시스템
홈페이지(http://seoji.nl.go.kr)와 국가자료종합목록시스템(http://www.nl.go.kr/kolisnet)에서
이용하실 수 있습니다. (CIP제어번호: CIP2020032316)